顧客の心理を読み解く

聞くスキル 聞き出すスキル

Skills to hear
Skills that elicit
Takeshi Fujiki

藤木 健

リックテレコム

はじめに

「ちゃんと聞いて！」「もっと集中して聞きなさい」と、子どもの頃に言われた経験はないだろうか。大人になってからも、家で家族から話しかけられて、「うん、うん」と生返事をして、「聞いているの？」と言われ、聞くことに集中を促されることは、よくある日常の風景だ。かく言う私も、そんな人生を歩んできた。子どもの頃はお調子者の関西人、人を笑わせることに命をかけていた。ボケる瞬間を探して人の会話に割り込んでは怒られ、話を聞くどころではなかった。これは、成人してからもしばらく続き、20歳前後は役者を目指していたこともあり、自分の演技をどれだけ上手く、目立たせるかに注力していた。典型的な〝自分大好き人間〟だった。

そんな私が、今は研修講師、コールセンタートレーナーとして、「きくスキル」を教えている。学生時代の同級生に会うと、「お前が講師って、信じられない」と疑われることもしばしばだ。自身で振り返ってみても、「人の話を聞けるようになったなぁ」と、成長を実感している。しかし、なにも自然に成長を遂げたわけではない。それは、仕事と人生の目標を達成するために、必要に駆られたからであり、トレーニングを積んできた結果だ。

２００６年、役者を諦め、コールセンタートレーナーとして働いていた時に、運命の出会いがあった。「きくスキル研究会」との邂逅《かいこう》だ。これは、コールセンター業界の有志（スーパーバイザー、マネージャー、コンサルタント）が集まって、「これからは話すスキルよりも〝きくスキル〟のほうが重要である」との見解のもとに、２００５年に発足した研究会である。「きく」についての座談会や雑誌記事の執筆、研究会員によるブログの更新などを行い、緩やかに、そして各々の手弁当で活動していた組織だった。当時コミュニケータの育成に行き詰まっていた私は、どのようにお客様の話を聞けばよいのかを、教えることができなかった。それもそのはず、私自身も「きく」方法など教えてもらったことがなかったからだ。そんな時、相談した知人に連れて行ってもらったのが研究会のオフ会で、メンバーからブログの執筆担当に勧誘されたことをきっかけに関わるようになった。このことが、私の「きくスキル」を向上させることとなり、仕事の幅を広げることにもつながったと思う。

ブログ執筆の開始と同じ年、「きくスキルの研修を開発する」という新たなプロジェクトの募集があり、そこから基幹メンバーとして本格的に携わりだした。研修プログラムにするためには、まず「きくスキル」を体系立てて説明できるようにしなければならない。メンバー各々の知恵と経験を絞っては、侃々諤々《かんかんがくがく》の議論が繰り広げられた。この本に収録した、「きくスキル８つの要素」や「心情察知力」という言葉なども、この頃にメンバーで話し合ってできた概念である。実際に公開講座として研修できるようになったのが2010年、実に4年もの月日をかけて、研修プログラムを開発していったのである。第1回のプレ研修を経て、本格的に「きくスキル」の研修として実施したのは2012年頃。その後もさまざまな進化を遂げている。

残念ながら、2015年に研究会は解散してしまった。同じ研修を繰り返すだけになり、メンバーそれぞれが忙しくなり、研究が進まなかったからだ。私自身はまだまだ研究を進められると確信していたので、本当に残念だった。しかし、研究会の魂は受け継いでいる。その研究内容をもとに、数々のコールセンターや事業者の現場で実践を繰り返し、さらに実用的な技術へと進化させたものを、本書にまとめた。役者時代のこと、コミュニケータ時代のこと、トレーナー時代のこと、それぞれの時代にぶつかった事例(というか失敗)から得た教訓を、広く伝えたかったからだ。研究成果は、私だけで独占するのではなく、広く使ってもらって初めて価値があると信じている。スキルの理解と訓練で必ず「きくスキル」は身に付けることができる。自分を押し出すのではなく、まず相手を知ることができれば、あなたの仕事はさらにレベルアップするだろう。さあ、「きくスキル」を今こそ実践してみよう。

顧客の心理を読み解く 聞くスキル 聞き出すスキル

◆はじめに 3

◆序 章 「マイナスをゼロ」へ、「ゼロをプラス」へ 15
答えると応える 16
問題解決は「マイナスからゼロ」 20
「きくスキル」はマイナスやゼロをプラスに変える 21
職場での失敗 22

◆第1章 「きくスキル」の必要性 27
聞けない損失 28
聞けない理由 30

お客様を知り己を知れば、百戦危うからず 34
事例 異物混入に対する誠意とは？ 34
お客様の求める2つの要望——「論理」と「感情」 38
「きく」ことの効用 41

◆第2章 きくスキル8つの要素——43
①あいづち力 44
②復唱力 48
③語彙(ごい)力 49
④要約力 52
⑤沈黙力 53
事例 間抜けな会話 55
⑥質問力 56
事例 お客様の質問力に頼るべからず 57

⑦音声表現力 59
⑧心情察知力 60
要素×要素で生まれる質の高い応対 63
主要素は能動、副要素は受動 65
「きく」は誰でもできる！ 67
コラム 危険な共感力 70

第3章 心情察知力の実践

心情察知力の実践 71
言葉を額面通りに受け取る危険性 72
事例 娘に合う家庭教師を見つけたい 73
声の表情から感情を判断する 76
推し量るために必要な「経験のデータベース」 77
心情察知力活用 3つのステップ 79
ステップ1「感じる」：お客様の心情を察知する 80
ステップ2「考える」：察知した心情を分析する 81

ステップ３「対処する」：分析した心情に対して、応対をする 81
心情察知力の習得 84
①一緒に応対の録音をきく 86
②テキスト化した応対を確認しながら、もう一度きく 88
③心情察知する 88
④分析する 89
⑤応対を考える 93
⑥読んでみる（ロールプレイング） 94
⑦フィードバック 97
トレーニングでつまずいたら／ステップ別対処法 98
ステップ１「感じる」でつまずいている場合 98
ステップ２「考える」でつまずいている場合 98
ステップ３「対処する」でつまずいている場合 100
参考資料 理想のフィードバックシナリオ 101

◆第4章 音声表現力の実践 105

抽象的で最も恐ろしい要素「声の印象」――メラビアンの法則に学ぶ 106

声の表情は顔の表情と連動する 110

「声＝表情＝感情」――顔面フィードバック仮説 111

事例 場面に合った声の表情 113

音声表現力の習得 115

①鏡を見る 116

②映画や先輩の真似をする 118

③会話の速度をコントロールする 118

④あいづちで感情表現 121

コラム 音声表現力とボイストレーニングの違い 127

コラム 音声表現の可視化 128

◆第5章 質問力の実践 129

事例 売れる店員、売れない店員 130

傾聴力は質問力、「意識」と「スキル」を養う 135
意識：お客様に興味を持つと、出てくる疑問の数々 136
聞くという心理状態の3段階 138
第一段階「聞いていない」 138
第二段階「聞き流している」 139
第三段階「聞きつつ考える」 139
スキル：思考を刺激するマジック・クエスチョン 141
事例 マジック・クエスチョンで伝え漏れなし 142
マジック・クエスチョンはツール化が望ましい 145
マジック・クエスチョンの構成 146
「クローズ質問」で距離を詰め、「オープン質問」で引き出す 150
「D質問」で会話を掘り下げる 152
「もしも質問」で想像を促す 153
マジック・クエスチョンの習得とツールの整備 157
①お客様の背景を想像する 157
②お客様の反応を想像する 162

③シナリオを読み合わせ（確認）する　168
④マジック・クエスチョンの抽出　168
コラム　マジック・クエスチョン誕生の瞬間　170

◆第6章　「きくスキル」実用編　173

クレーム対応——心理的距離を詰め、〝感謝〟に変える　175
「復唱力」「質問力」で傾聴状態をつくる　180
「あいづち力」でのせて「質問力」で情報収集　182
「語彙力」「要約力」で心情理解　183
営業、セールストークへの応用——思考を促しニーズを引き出す　184
インバウンド：お客様の背景を探る　185
「質問力」で会話を導く　186
アウトバウンド：相手が聞いている状態をつくる　196
「心情察知力」で効率的にアプローチ　196
「質問力」「沈黙力」でお客様に話してもらう　199

◆おわりに 204

※附記

「きく」という言葉には、聞く、訊く、聴く、利く、効くなど、さまざまな意味が込められる。このため、本来の「きくスキル」は平仮名で表記している。本書タイトルは「聞くスキル」であるが、本来の意義に従い、本文中は「きくスキル」で統一する。

序章

「マイナスをゼロ」へ、「ゼロをプラス」へ

お客様応対の場で、「きくスキル」の重要性が注目されて、どれくらい経つだろうか。私が以前所属していた「きくスキル研究会」が発足したのが、２００５年。そこからもう十余年が経っている。しかし、お客様応対が素晴らしい企業がある半面、まだまだ旧態依然で残念な企業も少なくない。

答えると応える

私が〝棲息〟している、コールセンター業界でも、企業間の応対品質の差は大きいと感じている。応対に対する考え方が、この差を生んでいるのではないだろうか。その差とは何か。それは、「答える」と「応える」の差だと思っている。

お客様は何らかの疑問や問題を抱えているからこそ、問い合わせしてくる。その問い合わせに対して、「正確に答えよう」とする現場は少なくない。ところが、この考え方で現場を作ると、応対者の心情は「間違ってはいけない、正しく答えなければならない」や、「早く、迅速に答えなければならない」となってしまう。それが発展すると、「どうか、簡単に答えられる質問であってくださいｓ」とか、「自分の知識が曖昧なところは訊かれたくないから、余計なことは言わないでおこう」というように、コミュニケーション不全に陥る。これでは本末転倒だ。

お客様は問い合わせのプロではない。自分が訊きたいことを整理できていない人は本当に多い。そんな状況にも関わらず、なぜ即答にこだわるのだろうか。次々とお客様から電話がかかってくるから、プレッシャーがかかっているのだろうか。これには経験上、応対の取り組み姿勢に課題があると思っている。お客様は何らかの疑問や不都合、問題があって、企業にコンタクトをとるが、その〝何らか〟をお客様自身が上手く説明することができない場合が多い。この前提で考えれば、まず〝何らか〟を明らかにする必要がある。その〝何らか〟がお客様ニーズであり、本当にアプローチしなければならないものだ。これを明らかにするには、本書で解説する「きくスキル」が不可欠となる。整理されていないお客様の会話を整理し、促し、時には軌道修正しながら、能動的に「きく」ことによってでしか、〝何らか〟が明らかになることはない。

なぜ、最初にこの話をするかと言うと、「きくスキル」は使い手の意識が高くないと、効果が十分に発揮されないという警告をしておきたかったからだ。「きくスキル」は技術・スキルである。よって、方法論があるし、トレーニングをすることで誰でも習得できる。ところが、せっかく「きくスキル」を習得できる素養は持っているにもかかわらず、トレーニングをしても現場での成果につながらない人がいる。その原因は何かと考えてみた時に、仕事に対する取り組み姿勢が、その成否を分けていることに気づいた。どんな目的を持ってお客様応対をしているか。前記した「正確に答えよう」とするセンターは、お客様の視点が抜け落ちている。自分がどう答えるかに意識が集中しており、回答の正しさが優先されている。その答えをお客様が望んでいるものなのかどうかは、二の次、三の次なのである。

本来、お客様応対は、〝お客様〟が主語になる必要がある。〝お客様〟の疑問や悩みに「応える」のだ。「応える」ことを目的とする場合、人はどう行動するのか。たとえ「きくスキル」が未熟であろうとも、一生懸命にお客様の現状や悩みや気持ちを把握しよう、理解しようと努めないだろうか。そのひたむきさが、お客様との心理的距離を詰めるコミュニケーションになる。コミュニケーションが良好で、お互いの共通認識が増え、意思疎通がそつなくこなせるようになると、そこに信頼関係が生まれる。この信頼関係こそ、〝企業の宝〟になっていくのではないかと私は考えている。

お客様応対というと、誰でもできる仕事と位置づけられているような気がする。例えば、パイロットや医者などの資格が必要な職業であれば、まず、高い意識で専門学校に通うだろうし、その職業になるためのスキルを一生懸命に習得しようとするだろう。俳優やミュージシャンという職業に資格制度はないが、その職業で口を糊するためには、相応の意識と訓練が必要である。しかし、お客様応対には資格制度もなければ、特別に定義されたスキルもない。そのため、誰でもできる仕事と思われがちだが、実際には本人の意識であからさまに品質の差が出る職業なのである。

「きくスキル」の習得にあたって、課題を混同しないでほしい。現場に「きく」ことのできない人が多いから、「『きくスキル』のトレーニングが必要だ」と研修を始めても、必ずしも効果があるとは限らない。そもそも「きく」気がない者に、いくらトレーニングをしても無駄だし、宝の持ち腐れだ。その場合は優先すべき課題が他にある。例えば、「それぞれの担当者が意識しなければならないミッションは何か」、「ミッションを遂行するための意識づけは普段からできているのか」ということだ。その課題がクリアになった時点で、次のステージが「きくスキル」の習得になり、確実な成長につながる。

問題解決は「マイナスからゼロ」

お客様応対というと、疑問解消や問題解決が頭に浮かぶ。何の問題もなければ、お客様が企業にコンタクトをとることはあまりないだろう。しかし、問題があるからコンタクトし、その疑問や問題の解消のために企業は応対をする。この際、疑問解消や問題解決は、マイナスの状態からゼロ、つまり普通の状態にするだけである。顧客満足度でよく言われる考え方で表すと、「事前期待＞現状」では不満になり、「事前期待＝現状」は満足度としては普通で、印象に残らない。問い合わせの時点の疑問や不満は、解消したからといって満足度が飛躍的に上がるというわけではない。せっかくお客様からコンタクトをとっていただけているのであれば、満足してもらえるように、お客様の事前期待を超える応対を目指したいものである。ぜひとも「事前期待＜現状」という状態まで持っていきたい。

「きくスキル」はマイナスやゼロをプラスに変える

そのために必要となるスキルが「きくスキル」で、必要な取り組み姿勢が「きく意識」だ。お客様の疑問や課題を解消し、さらに、お客様の事前期待を超えるためには、まず事前期待が何かを詳しく知らなければならない。現状を知らなければ、超えることはおろか、解決することすら難しいだろう。「きく意識」と「きくスキル」を融合し、お客様と良好にコミュニケーションできれば、満足度がマイナスやゼロの状態をプラスへ転換することが可能だ。

「きくスキル」には、お客様が思っていることを察知する「心情察知力」がある。お客様の意識していない潜在ニーズを掘り起こすことのできる「質問力」がある。誤解のないように気遣いの感情を声に乗せる「音声表現力」がある。お客様の微妙な心情をいち早く察知し、その背景に何があるのかを質問で引き出し、応対する表現力が「きくスキル」にはある。人は自分の話を真剣に聞いてくれる人のことを基本的に嫌いになることはないし、心理的距離感は近くなる。たとえ、お客様の期待値を自社サービスで上回ることができなかったとしても、誠心誠意を尽くしてお客様の話を「きく」ことができたなら、応対者に対して心は動き、信頼を勝ち得ることができるはずだ。お客様との信頼関係が構築できれば、そのお客様は企業のファンになる。ファンはいろいろと便宜を図ってくれる。少々の不手際があったとしても、大目に見てくれるようになる。だから信頼関係が大事、というと打算のように聞こえるが、これからの企業が生き残りをかけて培っていかなければならないことだと言える。そして、お客様と信頼関係を築きたければ、スタッフや上司・部下、職場の人間同士の信頼関係も重要になる。身近な仲間と信頼関係を築けない人間が、どうしてお客様と信頼関係を築くことができるだろうか。職場の信頼関係も、「きく意識」と「きくスキル」が築いてくれる。電話応対以外の場でも、「きく意識」と「きくスキル」は、良好なコミュニケーションを取るために、不可欠なのである。

職場での失敗

私が、クレジットカード会社のコールセンターで、リーダー職であるスーパーバイザー（SV）をしていた時のことだ。そのカード会社は、ある小売業店舗の冠がついていて、親会社がある。別事業でインターネット通販を展開していたのだが、経費問題からか、両社のコールセンターを統合するという大プロジェクトが持ち上がった。その時に、上司のマネージャーが統合マネージャーとして昇格、空いたポジションに私がマネージャーとして就いた。昇格前の私は、ＳＶはＳＶでも、何名かのＳＶを取りまとめるリードＳＶというポジションで、私の後任には当時のＳＶだった女性のＡさんが就任した。その後、統合センターのオープンまで時間がなかったことと、新しい仕事に慣れるまでに、目まぐるしい日々を過ごし、いろいろとトラブルはあったものの、センターの統合は完了した。

新体制となり、運用を試行錯誤していた３カ月くらいのことだ。あるコミュニケータから相談を持ち掛けられた。マネージャーに昇格してからは管理業務ばかりだったので、現場の最前線で働いてる人と話をするのは久しぶりだなと思いながら、面談の場を設けた。

「藤木さん、新しいリードＳＶのＡさんがひどいんです。このままＡさんが上司であるならば、私、仕事を続けていく自信がありません」といきなり重い話が舞い込んだ。コミュニケータいわく、えこひいきが激しいのだそうだ。

・Ａさんの好き嫌いがはっきりと分かれていて、嫌われているグループは扱いがひどい
・「そんなこともわかんないの！」といきなり怒鳴られる

・「この間も教えたはず、ほんと使えない」と人格否定される
・隣の同僚にわからないことを確認したら、「現場同士で確認しあわないでくれる？　間違ったら責任取るのは私なんだから」と言うが、Aさんに聞くとまた罵倒される
・お気に入りの男性（当時21歳で元気ある若者）には、猫なで声で丁寧に教える

とにかくAさんが威圧的で、話をするのが怖かったようだ。その場で聞けることはすべて聞き、対処することを約束した。今まで苦労して築き上げてきたSVとコミュニケータとの関係を壊すかのような行動に怒りを覚えつつ、1人の意見で判断することはできないと思い、他のコミュニケータ数人にも面談を実施した。すると、どのコミュニケータも大差のない感想を持っているらしく、明らかにパワハラまがいの行動をとっていることがわかった。図らずも、指導するに十分な証拠固めができた。1人で指導すると、「言った／言わない」でトラブルになる可能性がある。同期のSVに立ち会ってもらって、面談した。

私「Aさん。実は、あなたにお任せしたチームから、私に苦情がありました。パワハラと言われる可能性もあるので、指導方法をもう少しソフトにできませんか？」

今思えば、私も若かった。10歳も上の女性に対して、いきなり真正面から正論を突きつけ

たのだ。すると、

A「……そうですか。私のこと、そんなふうに見てたんですね。じゃあ、はいはいって優しく丁寧に話してあげてるだけで、業務が回るとでも!?　つけあがって手が付けられなくなっても、私は責任持たなくていいですね！」と、手痛い反撃を受けた。「このままだとまずいな」と内心ドキドキしながら、「これが窮鼠猫を嚙むという状態か」など、さまざまな思いがぐるぐる頭を巡っていた。

私「そういうことを言ってるんじゃなくて……」

A「だって、そういうことでしょう。私だって一生懸命やってるんです。でも、何度言ってもわからない人がいるし、業務はいろいろあるし！」

見兼ねた同僚が、「いきなり否定から入った藤木も悪い、言い方に問題がある。まずは、そこを謝罪して、今後どうしていくべきか、前向きな話をしましょう」と、取り成してくれた。「いきなり、私も言いすぎました。申し訳ない」と謝罪したものの、彼女の機嫌は直らなかった。それまでは、自宅パーティーに参加してくれるなど、公私問わず良好な関係だったが、この一件から業務上必要なことですら、こちらから質問をしないと報告されなくなってしまった。

後日いろいろと反省した。彼女も昇格して、今の職務に就いたのだ。業務にも慣れていないし、手一杯でストレスが溜まっていたことだろう。なぜそのことに少しでも想像力が働かなかったのか、彼女の立場を慮ることができなかったのか、後悔の念が襲う。「自分も当時、いっぱいいっぱいだったからなあ」というのは言い訳で、彼女の心情を慮って、最初に状況を聞き出すスイッチが入っていれば、もっと建設的な話の展開ができたのではないかと思う。どうして、「新しいポジションは慣れた？」「仕事で困っていることない？」と聞くことができなかったのか。おそらく、当時は「間違ったマネジメントをしている部下を指導しなければ」と、自分の立場のことしか考えていなかった。当時も謝罪しているのだが、また会うことがあれば、もう一度謝って、人間関係を築き直したいと思うのだが、彼女が今どんな仕事に就いているのかも、定かではない。一方的に指導したことが、彼女との信頼関係を壊してしまったのだ。それ以降、どんな些細なことでも、一方の話で決めつけないように努めている。人にはそれぞれの立場で、それぞれのものの見方がある。自分では正しいと思っていることも、立場が変われば違う場合もある。そのギャップを埋めるのが「きく意識」と「きくスキル」だ。お互いの意見の違いを共通認識にできるまで「きく」ことができれば、信頼関係を築くことができるだろう。

第1章

「きくスキル」の必要性

聞けない損失

読者の皆さんは、自分がお客様になって、企業に問い合わせをした経験はないだろうか。その時に、「もっと私の話を聞いてよ」と思ったことは一度ならずあるはずだ。私が実施している研修の冒頭で、「相手企業のコミュニケータが話を聞いてくれていないと感じた応対はどのような応対でしたか?」と聞いてみると、こんな回答がある。

・一方的に話を進める
・お客様の話をさえぎって、説明する
・マニュアル通りの応対になっている
・スクリプトを読むだけになっている
・うわの空のようなあいづち
・電話を早く切ろうとしている
・お客様とコミュニケータの間に温度差がある
・お客様が怒っている状況に気づかずに、会話が終了する

・企業側が確認したいことを優先して、お客様の話を受け止めていない
・尋問のように、上から目線の応対になっている

もし、自分がお客様として企業に電話した時にこのような応対に遭《あ》ったら、はたしてどう感じるだろうか。こうした「聞けていない」応対は、お客様に「上っ面の応対に終始している」という印象を与える。コミュニケータ（企業側）が「言いたいこと」を優先し、お客様の「言いたいこと（真意、深意）」を聞き出そうともしていない。この状況では、お客様を怒らせて、「こちらの話を聞け！」「何だ、その態度は！」とクレームに発展してもおかしくはない。

にもかかわらず、これらの状況にあっても、「お客様の話をじっくり聞くと、余計な刺激を与えて通話時間が延びてしまう。業務時間を圧迫してしまうから、仕方ないのでは……」という意見を持つ人もいる。しかし、これは大きな間違いだ。しっかり聞かないからこそ、時間を浪費しているのだ。お客様が「何を求めて問い合わせたのか」を聞かなければ、問題解決に至ることはない。真に業務を圧迫するのは、聞かなかった結果、そのお客様から何度も電話がかかってきた際に発生する応対時間にある。

お客様の話を聞けないことで被る損失は、企業全体に及ぶ。その最たるものは、お客様からの信用、信頼だ。話を聞いてもらえていないと感じたお客様は、企業に対して失望し、そ

の企業のサービスや商品にまで不信感を募らせ、二度と購入・利用することはない。お客様が離れれば、売り上げ・利益を失うことになる。この負の連鎖が繰り返されれば、企業の経営を圧迫する。そうなれば、今度はコールセンターにその影響が返ってくる。まず、利益が失われれば給与に影響し、これまで以上にコストダウンを迫られることは想像に難くない。また、余裕のない現場は人間関係もギスギスしたものになり、コミュニケータやＳＶが仕事に向かう意欲も失われる。最終的には、離職の2文字があちこちで飛び交うことになる。

聞けない理由

お客様の話は聞いたほうがいいのはわかっているはずなのに、なぜこのようなことが起こるのだろうか。そこにはさまざまな原因がある。

原因１．思い込みがあるから

原因2．知識、経験が豊富で伝えたいという思いが強すぎる
原因3．知識や経験がなく、質問する自信がない
原因4．応対者自身に成功体験がない
原因5．応対者自身に、お客様として聞いてもらった経験がない
原因6．自己満足に浸っている
原因7．流れ作業になっている
原因8．やっているつもりができていない
原因9．会社の窓口（顔）という意識がない
原因10．会社内の評価制度の問題
原因11．CPH（Calls Per Hours：時間当たり処理件数）を気にしすぎる
原因12．1件の応対時間が決まっている（評価対象になっている）
原因13．他のお客様が待っているため、早く電話を切るように急かされる
原因14．スクリプト通りに対応しなければいけない

このうち、原因1～9は、企業の組織モラルの稀薄性もあるが、基本的にコミュニケータのスキル不足や性格などに起因する。なかには「きく」という意識を、ほとんど持っていないケー

スもある。自分の仕事は説明をすることと考え、一方的な案内に終始する。また、決められた説明をしているルーチンの仕事は、「考える必要がなくて楽だ」という人もいる。原因10～14は、コールセンターや企業の体制、風土の問題だ。KPI（Key Performance Indicators：重要業績評価指標）などの数値管理を重視するあまり、マニュアル外のことを行える状況にないセンターは、未だに多い。また、スクリプト通りに話さなければ、評価点数が下がるというケースもある。本来、会話は個と個のやり取りのなかで展開される。センター側が考えた会話の道筋など、はとんどの場合通用しない。このような体制が、「きく」ことができない原因の1つだろう。実際には、前述のさまざまな原因が絡み合って「聞けない」状況を作っている。大半のコールセンターもまったく問題視していないわけではなく、「研修」「仕組み改善」には取り組んでいる。

・研修：クレーム研修。笑顔の練習。文字起こしをしてフィードバック。定期モニタリング。褒め合う研修

・仕組み改善：平均応対時間を気にさせない。評価基準の見直し。困った時にヘルプメールを上司に送ると、リアルタイムでナビゲートをしてもらえる

しかし、真に取り組むべきことは、聞けない原因の根底にある「聞き方」を学ぶことだ。結局、「お客様の話をまず聞きましょう」「お客様の立場に立って応対しましょう」程度にしか教育されておらず、どうやって聞けばよいのか、具体的な聞き方を教えていないからだ。

いくら言っても聞けるようにならないのは、具体性を欠いているからに他ならない。聞くことを意識することは重要だが、どうやるのか方法を知る必要がある。学ぶことで、お客様の話を聞く世界が開けてくる。それは、お客様の期待（ニーズ）に応えるということであり、お客様との絆を深めることのできる世界である。もちろん、仕事もはかどるし、なによりお客様から感謝される世界でもある。

そろそろ、会社が提供する教育を待つのではなく、コミュニケータ自身でスキルアップを図ってみよう。まずは、「きく」ことの定義や方法を理解することが重要だ。そのうえで、自分に足りないスキルは何か、どのようなトレーニングを行えばできるようになるのかを知って考える。つまり、「きく」を体得するということだ。これが、「きくスキル」だ。

「きくスキル」とは

お客様の要望やニーズを把握し、対処するための技術・スキル

お客様の満足を得る、親密なコミュニケーションを実現する能力。これを開花させることで、お客様の存在を認め尊重し、話の内容を理解すること、お客様の気持ちを察することができる。

お客様を知り己を知れば、百戦危うからず

コールセンターには、実にさまざまなお客様から、多種多様な問い合わせの電話がかかってくる。このうち、「引っ越しをしたから住所を変更してほしい」や、「機器の使い方を教えてください」とか、「故障したので修理してほしい」など、よくある問い合わせの応対はパターン化できる。しかし、問い合わせ内容は同じでも、かけてくるお客様やその時に置かれている状況は毎回異なるはずだ。その前提に立つと、パターン化した応対は、中途半端に相手を知った状態で応対していることになる。このことに、私は危険性を感じている。

事例　異物混入に対する誠意とは？

もう15年以上も前の話になるが、ある製菓会社でこんなことがあった。年の頃なら60歳を越えたであろう、落ち着いた声の男性から問い合わせがあった。

お客様「すみません。お宅のお菓子を買って開けたら、中に虫のようなものが入っていたんですが、どうしたらいいですか」

異物混入である。昨今、食品にいろいろなものが混入していたというニュースは多い。実際、飲食店でラーメンに髪の毛が入っていたり、サラダにビニール袋のかけらが入っていたりということは、よくある話だ。このお客様も、そんなに大げさな感じではなく、気づいたので電話をかけてきた、そんな雰囲気だった。早速、お客様には、現物を送っていただくようにお願いし、商品に関するその後の要望について訊いた。

応対者「お品物につきましては、同じものに交換、もしくは返金にてご対応できますが……」

お客様「返金って言っても、いくらで買ったかなぁ……。どうせ食べるつもりで買ったんだから、同じものを送ってくれたらいいよ」という返答だった。

応対者「かしこまりました。それでは、確認させていただきまして、同じお品物をお送りさせていただきます」と案内した。

その後、男性から現品が送られてきた。調査した結果、原材料の段階で混入したものだと判明した。通常は製造ラインで取り除かれるのだが、原料に紛れてしまい、チェックをすり抜けてしまったのだ。当時のこの製菓会社の対応は、まず送ってもらった商品と同じ商品を用意し、そして「私どもの商品を試してください」という気持ちで他のお菓子の詰め合わせを揃え、さらに申し訳ないという思いで、テレホンカードもしくは商品券（300円分程度）をお客様に送っていた。

そんなお詫びの品が手元に届いたらどう思うだろうか。研修でもいろいろな方に訊くが、「やった！　ラッキー」や「誠意のある会社だと感じた」など、肯定的な意見が多い。しかし、このお客様は違った。商品が届くや即、コールセンターに電話がかかってきた。怒りの声で、「上司を出せ！」が第一声だった。

お客様「一体どういうつもりでこんな商品を送ってきたんだ。私があなたのところに連絡したのは、〝何かがあったらお問い合わせください〟と袋の裏に書いてあったので、電話をしただけだ。良かれと思ってかけたのに、これは口止め料か何かのつもりか？　私が何か要求でもしたかね？　そんな輩《やから》と一緒にされたとは我慢がならん。馬鹿にするのも大概にしろ！」

と言うだけ言ってガチャ切りされてしまった。

この男性の反応の話をすると大抵驚かれる。一般的な反応ではないからだ。しかし、このお客様の気持ちが、「わからなくもないな」と思うのは、私だけではないはずだ。押しつけのお詫びの品が、逆鱗に触れたのだろう。

その後、謝罪対応でいろいろ話を伺うと、男性は戦後間もない頃の生まれで、異物混入などは日常茶飯事、そんなことに気をとられていては、飢え死にする状況で育ったという。だから、虫が入っていたこと自体はどうということはないとのことだった。ただ、このままでは困る人がいるかもしれない、そういう親切心で電話をかけたそうだ。最初は、疑うことなく、速やかに調査をしてもらえるとのことで、気持ちの良い対応だと思っていた。しかし、結果報告ではなく、いきなり金品が送りつけられて、がっかりしたと同時に怒りが湧いてきたのだそうだ。些細なことでクレームをつけるクレーマー扱いをされたと感じた。もちろん、そのように思っての対応ではなかったが、残念なことにお客様にはそのように受け取られてしまったのだ。もっとお客様に、積極的に「きく」ことができていれば……。何を求めているのかを、もっと深くまで把握することができていれば……。お客様と良好な関係が築けていただろう。

それ以降、この製菓会社では応対方法を変えた。原因が判明したら、まず、お客様に電話で簡単に説明する。その際に、お詫びの品を送りたい旨を伝える。お客様が遠慮をしても、3回はお願いしてみる。それでも固辞される場合は、その理由を聞いて、その場ではお礼を述べるに止め、品物を送るのではなく、連絡していただいたことへの感謝状を送ることにした。このタイプのお客様には、お手紙のほうが喜ばれる傾向にある。

一律一様の応対がいかに危険なのかということが伝わっただろうか。十人十色、千差万別、人は性格も違うし、育ってきた環境も違う。よって、物事の捉え方が個々人で違って当然だ。自社のルールや規則、問い合わせに対する回答については、驚くほど皆に知識がある。しかし、己を知っていたからといって、相手が「どうしてほしいのか」を知らなければ、〝百戦〟

どころか、〝一勝〟すらも危ぶまれるだろう。

お客様の求める2つの要望——「論理」と「感情」

問い合わせをしてくるお客様は、2つのことを求めている。

1つは「論理」だ。何らかの疑問や問題を抱えているから電話をかけてくる。つまり、目的を持って問い合わせをしてきているのだ。その疑問や問題が解決されることが目的であり、その達成こそが第一の要望だ。

もう1つの要望が「感情」だ。感じの良い応対であったり、気遣いやホスピタリティがある応対などをイメージしていただければいいだろう。「印象貢献」と表現したりもする。お客様として、気遣いのある応対、尊重される応対は当たり前のことであり、とくに意識をしていないことが多い。なぜなら、「無礼を働かれるのでは」などと、いちいち想像して問い合わせることはないからだ。しかし、そのお客様の感情の閾値《しきいち》を下回った応対をしてしまうと、お客様の感情はだんだんと荒れてくる。つまり、こじれてくるのだ。こうなると、いくら論理的に話を展開したとしても、対話は進まない。荒れた感情が邪魔になって、こちらの説明が伝わることがないからだ。

以前、パソコンのテクニカルサポートセンターの改善を依頼されたことがある。現状把握のために、数値などをいろいろ確認していた時、ある管理職から「実は、知識はものすごくあって、管理職なども及ばないほどのコミュニケータがいます。でも、なぜだかクレームになることが多くて、上位職に上がれずにいます」と直接相談を受けた。お客様からのアンケート結果は賛否両論で、「困った時に大変助かりました」と非常に感謝されている回答が4割。半面、クレームが3割という、極端を絵に描いたような感じだった。

このコミュニケータは、いわゆる〝オタク〟で、自宅に自作パソコンが2台、Ｍａｃが1台、ノートＰＣが大きさ違いで2台と、Ｍａｃのノート1台を所持する強者《つわもの》だった。なるほど、コミュニケーションの取り方に問題があるのだろうと仮説を立て、まずは通話録音を聴いてみたところ、原因はすぐに判明した。彼のあいづちが「うん」で、その稚拙で馴れ馴れしい印象がクレーム率の高さの理由だったのだ。問題解決の知識量という準備は怠っていなかったのだが、「きく」姿勢・態度が、彼には備わっていなかったのである。

彼の、拙いあいづちが感情を刺激し、だんだんと不愉快になるお客様が半数以上。一度、「失礼な奴」という烙印を押されると、正しいことをいくら伝えても、お客様は聞く耳を持たない。結果、「上司を出せ！」と、彼が対応したお客様の3割がクレームに発展していたのだ。

感情はこじれると厄介なことになる。どれだけ業務知識が豊富で、１００％の正答率だったとしても、その聞き方や態度で、お客様は気分を害してしまうということだ。どちらか一方に偏りすぎてもいけない。論理と感情の応対をバランスよくレベルアップする必要がある。

ちなみに、その彼はどうしたか。「きく」姿勢・態度の悪い彼にこのままコミュニケータとして業務を続けさせるのは危険だ。結論として、私は2つの選択肢を提案した。1つは、「うん」というあいづちが改善できなければ辞めてもらう道。もう1つは、二次対応を行わない管理職となり、ご意見番として勤務してもらう道だ。高度な知識を要するパソコンのトラブル解決率の高い彼は、お客様と話すというポジションにおかなければ、戦力になる。従来、このポジションはなかったため、議論は紛糾したが、先進的な考えをするセンター長が、後者の案で彼を採用し続けることに決めた。ご意見番となった彼は、その後、何年も活き活きと仕事を続けている。

「きく」ことの効用

ここまで、お客様の話を聞けないことで実際に何が起こるのかを、事例を通してみてきた。「きく」という行為は、コミュニケーションを取るうえで、相手の情報を引き出す重要な手法だ。言葉ひとつとっても、その意味や定義も含め、自分と同じ理解をしているかどうかはわからない。例えば「敷居が高い」という言葉がある。「義理を欠くことや迷惑をかけることがあって、その家に入りにくい」という意味がある。しかし、「高級すぎたり、上品すぎたりして自分には合わない」という意味で使う人もかなりの確率でいる。こちらは本来『分不相応』の意味だ。「おたくの商品は、ちょっと私には敷居が高いのよねぇ～」といった具合で使われるだろう。よくある誤用であるが、誤用でもなんでも、会話は続いていく。

言葉を額面通りに受け取ってしまうと、自社とお客様の間に、過去に何かあったのではないか、企業側が不義理をしていないかどうかを考えてしまい、誤解が誤解を生む結果になる。言葉の意味や定義も含めて自分が思っている言葉の意味と、お客様が思っている言葉の意味が同じかどうかの保証は、どこにもない。とはいえ、ダイレクトにお客様に訊くこともできない。「お客様、その〝敷居が高い〟という言葉は、分不相応の意味で使ってらっしゃいますでしょうか」――。

どんな反応が返ってくるだろう。恥ずかしいと思う人もいれば、バカにされたと怒りだす人もいるかもしれない。もし、言葉の定義が違っていると感じたのであれば、前後の会話の流れから、ある程度の意味を汲み取りながら、その定義が同じかどうかを確認するべきだ。そのために必要なスキルが「きくスキル」だ。お客様の気持ちを察知し、質問し、反応を引きだす。些細なやり取りでも、共通認識の上に立つことが、お客様応対にとって重要である。

共通認識している事柄が増えてくると、会話が好転する。会話が好転するということは、お客様と応対者、双方のストレスがなくなるということだ。ストレスなく会話が進められるということは、お客様と良い関係を築く基盤となる。お客様と良好な関係を保てる応対者がたくさんいる企業は、製品やサービスを使ってもらえる可能性が高くなる。どこか近江商人の「三方良し」という理念に似ている。「買い手良し、売り手良し、世間良し」という、自分のことよりもお客様のことを考え、皆のことを大切にして商売をすべきという理念だ。お客様のことを考えるためにも、その気持ちや背景を引き出す・聞き出す「きくスキル」を身に付けてもらいたい。

第2章

きくスキル8つの要素

前章で、きくスキルは、「お客様の要望やニーズを把握する技術・スキル」と定義した。顧客満足度の高いコミュニケーションの実現を目的として、対話のなかでお客様の存在を認め尊重し、話の内容を理解すること。そして、お客様の話を受け止めて心情を理解するために活用する技術だ。きくスキルは、①あいづち力・②復唱力・③語彙力・④要約力・⑤沈黙力・⑥質問力・⑦音声表現力・⑧心情察知力の8つの要素から成り立っている。本章では、各要素の定義を解説していく。

①あいづち力

話を聞いていることのサインを、タイミングよく声で表現することにより、話を受け止め促進する力

お客様の話を聞くには、適切なタイミングで「聞いています」というサインを送る必要がある。そのサインとなるのが「あいづち力」だ。「はい」「左様でございますか」「それはお辛いですね」など、バリエーションは多岐にわたる。これらを状況に合わせて使い分けることで、お客様が話しやすい環境を作りだし、対話をスムーズに展開させる効果を発揮する。左記は一例だ。

肯定・同感の時　「左様でございます」「おっしゃる通りです」
謝罪の時　「申し訳ございません」「お怒りはごもっともです」
喜びの時　「良かったです」「それは何よりです」
驚きの時　「驚きました」「そんなことがあるのですね」
悲しみの時　「お辛いですね」「それはお気の毒ですね」
感心の時　「すごいですね」「素晴らしいことですね」
疑問の時　「それはなぜでしょうか」「どのようなことがございましたか」
困惑の時　「それは大変でしたね」「それはお困りですね」

この他のバリエーションは、**資料2・1「シーン別あいづち一覧」**（46頁）に示す。適宜参考にしてほしい。あいづちのバリエーションが増えると、会話に奥行きが出てくる。一本調子にならずに、お客様との会話が弾む。だが、バリエーションが増えたからといって、やみくもに毎回異なるあいづちを返せばいいわけではない。その場面に適したあいづちを選ぶことも、あいづち力だ。例えば、クレジットカード会社のコールセンターでは、契約者が亡くなったという連絡は、残念ながらよくある。その時に、亡くなった悲しみでいっぱいのお客様に、バリエーション豊かなあいづちを打てば、むしろお客様の感情を害してしまう。

お客様「契約者が亡くなりました」

資料2・1 シーン別あいづち一覧

場面	あいづちの種類
肯定・同感	・はい　・ええ　・ごもっともでございます ・左様でございます　・おっしゃる通りです ・私も同じです　・私もそのように思います ・お気持ちはわかります
否定・反対	・とんでもないです　・いいえ、そうではありません
遠慮・謙虚	・とんでもないです　・滅相もございません　・いえいえ
盛り上げる	・それから　・それで　・面白いですね　・教えてください
喜び	・よかったです　・それは何よりです　・それはうれしいですね ・結構なことですね　・安心いたしました
驚き	・本当ですか　・驚きました　・そんなことがあるのですね ・信じられないですね　・びっくりしますね　・どのようにですか
悲しみ	・お辛いですね　・それはお気の毒ですね ・お気持ちはお察しいたします
感心	・感心しました　・すごいですね ・素晴らしいことですね　・なかなかできないことです
疑問	・それはなぜでしょうか　・なぜそのように思われるのでしょうか ・どのようなことがございましたか
困惑	・それは大変でしたね　・お気の毒ですね　・それはお困りですね ・お察しいたします　・ひどい話です　・そんなことがあったのですか

応対者「左様でございますか、お悔やみ申し上げます」
お客様「亡くなったのは、10日前の午後で、脳梗塞でした……」
応対者「それは大変でしたね、お気持ちお察しいたします」
お客様「急に倒れ込んだんですよ」
応対者「さぞ、びっくりされたのではないですか」

会話は無難に続いているように見えるが、お客様の気持ちを語る邪魔をしているように聞こえないだろうか。ここでは、お客様が語るに任せて、神妙に「はい」というあいづちだけを返したほうが、お客様の気持ちを受け止める結果になりやすい。そのあいづちが、今のお客様の気持ちに合っているかどうかがポイントとなる。

あいづちのバリエーションを持っているというのは、お客様の気持ちに適したものを選びやすいということでもある。ぜひ、あいづちのバリエーションは増やしていただきたい。

②復唱力

相手の言葉を反復することにより、お客様の用件をズレなく理解し、共有する力

「確認のために、言われたことを繰り返して言うこと」という意味が復唱にはある。もともと、間違いを防ぐ意味で復唱確認を徹底している現場も多いだろう。しかし、「復唱力」は単に確認だけではなく、理解したことを共有する力も含まれる。この「確認」「理解・共有」の2つを上手く使いこなすのが復唱力だ。復唱の方法は、2通りあり、1つは「オウム返し」、もう1つは後述の要約力と組み合わせる「言いかえて復唱」である。

「オウム返し」は、感情を訴えてくるお客様には、とくに有効だ。感情的になっている場合、状況を説明しても、お客様に伝わることはない。まずは、感情でいっぱいになっている心のコップから、感情を汲みだす必要がある。方法としては、その感情に対する感想を挟まずに、言われたことをそのまま繰り返すようにする。

「言いかえて復唱」は、お客様が言っていることの主旨を言い換えたり、言葉を発展させる復唱方法である。

お客様「『てんてん甜茶《てんちゃ》』、香ばしくて美味しかったわ」

応対者「ありがとうございます。独特のクセを抑えたお味が、お気に召しましたでしょうか」

お客様「そうそう、普通の甜茶はクセがあるんだけど……」

お客様の言っていることを単純に繰り返すのではなく、言い換えることによって、より深く理解していることを伝えると同時に、会話をさらに展開し、先へ進めることが可能となる。お客様との心理的距離も近くなりやすい。

③語彙（ごい）力

豊富な言葉のバリエーションを持ち、相手のレベル、知識や状況に相応しい言葉を選ぶ力

コミュニケーションは言葉を介してなされるものが多い。さまざまな言葉を知り、場面に応じて適切な言葉を選べる力を「語彙力」と言う。そもそも、人間の思考も言葉でなされるものであり、語彙の豊かさは、思考力の原点とも言える。お客様が話している言葉の意味を知らなければ、話の内容を正確に把握することはできない。具体的な言葉をどれだけ知っているか、言葉の量が重要になってくる。言葉は、具体的な意味を知り、使い方を理解して初めて身に付くものだ。例えば「きく」という単語だけを聞いても、何を示しているのかはわからない。「聞く」「聴く」「訊く」や、「利く」「効く」「菊」「起句」など同音異義語が山のようにある。漢

資料2・2 「怒り」の言葉

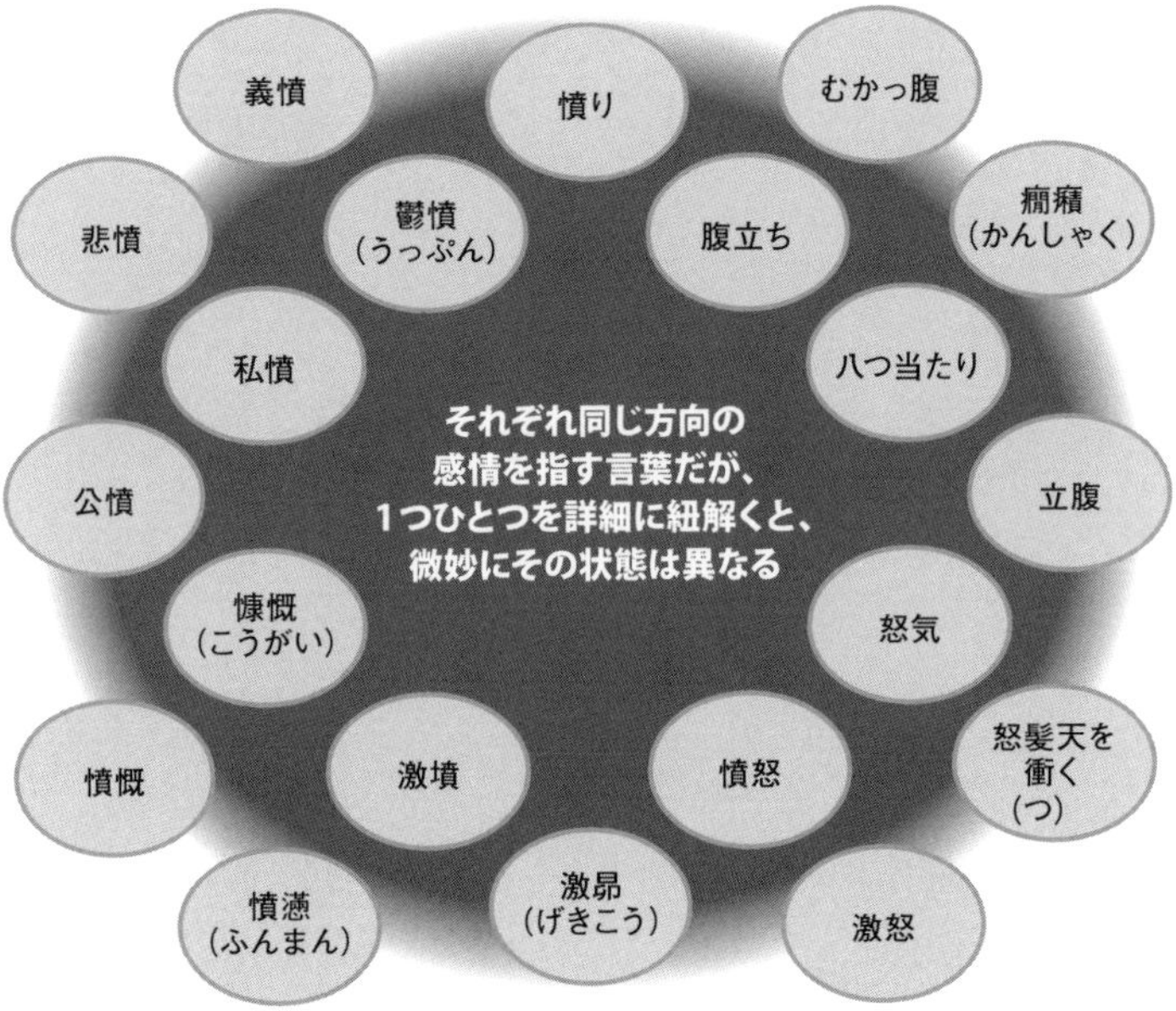

字で表現すると、その意味も違ってくるのである。会話では、その話を理解し、前後の会話運びを考慮していくと、何を指している「きく」なのかを判断できるようになる。正しく言葉を理解する経験を積むことが、豊かな思考力につながるのである。

また、お客様とのコミュニケーションという視点では、感情を表現した言葉をどれだけ知っているのかということも、スキルを総合的に向上させるうえでのポイントとなる。例えば、「怒り」という言葉を考えてみる。一度インターネットなどで類語を調べてみてほしい。怒りの類語は実に20を超える。**資料2・2「怒りの言葉」**にその言葉を並べた。「激怒」「憤怒」「怒気」「立腹」「腹立ち」「憤り」「激昂《げきこう》」「義憤」「怒髪天を衝《つ》く」などだ。1つひとつの意味は微妙に異なる。また、時代によって変わってくることもある。今なら「激おこプンプン丸」などという人もいるだろうか。

日本人は、感情表現が苦手と言われることも多いが、これは感情を表現する語彙が豊富にあることが原因ではないかと思う。微妙な心の内を、豊富な語彙で表現することにより、伝えることができたため、あえて感情的になって伝える必要がなかったのではないだろうか。ただし、単に語彙の量を増やしていけば、語彙力が付くのではない。お客様との応対の最中に、適切な語彙を選べてこそ語彙力がある状態と言える。

④要約力

相手の話の要点を端的かつ的確にまとめる力

お客様は必ずしも説明上手とは限らない。話の内容はあちらこちらに飛び、整理されていないことも多い。そのような時に、話のポイントを的確に捉え、短い文章でまとめる力が「要約力」だ。語彙力と同じく、話のポイントを捉える要約力は、会話そのものの理解力につながる。こんがらがった話を紐解き、解決に導くために必須の力と言える。

要約が上手く機能しないと、応対は長時間化する。「話が噛み合わない」という状態に陥ることもしばしばだ。それは、お客様が伝えたいポイントと、端的にまとめたポイントがずれていることが原因だ。また、話のポイントがしっかり捉えられないと、大きな声で発せられた言葉や、何度も繰り返される言葉に注意が向いてしまう。そこが重要な場合も多いが、実はお客様が〝重要だと思っている〟だけに過ぎず、本当のポイントは他の部分にあったりする。そうした声に惑わされずに、話の本質を捉えて、会話を進展させる力が要約力なのだ。

会話を要約するには、まず、話を大雑把に捉えてほしい。話が長くなると、本題から脱線してしまい、大枠が捉えにくくなる。そこで、話を聞きながら、「このお客様は結局何が言いたいのだろう。何が目的なのだろう」と考えてみてほしい。そのうえで、「誰が・どこで・何をした」といったように、6W3Hなどの枠組みで、まとめてみることをお奨めする。ちなみに、一般的には、5W1H（いつ・どこで　誰が・何を・なぜ・どのように）が使われるが、ビジネスシーンでは「誰に」「いくら（経費・費用）」「どれだけ（数量）」を加えた6W3Hを利用することが多い。また、感情に焦点を当てることも有効だ。会話の内容にどのような感情が含まれているのか。「怒っているんです」など、感情語を使っていただけたらしめたものだ。その感情語の周辺にポイントやキーワードがある場合が多い。

⑤沈黙力

自分が話し出さずに、沈黙することによって、「間」をコントロールする力

沈黙とは、黙り込むこと、口をきかないことという意味だ。しかし、電話応対で黙り込むことは、お客様に対して失礼にあたる。沈黙するぐらいの気概で、お客様の反応を待つ無音

の時間を作りだすのが「沈黙力」だ。

会話には「間」という時間が存在する。「間」を意図的に作り出すことによって、お客様の意向を引き出し、潜在ニーズに意識を向けてもらう。「間抜け」とは考えや行動に抜かりがある人、愚鈍な人という意味があるが、語源を調べてみると、会話の「間」に関連していることがわかる。芝居や舞台、漫才などの芸事でよく使われる「間」は、音や動作の休止の時間的長短のことを言い、拍子やテンポの意味に用いられる。「間が抜ける」ことは、「拍子抜けする」「調子が崩れる」状態のことで、テンポが合わないことを意味する。お客様の状態を探る「間」という沈黙を入れることによって、会話の調子を整えるのが沈黙力と言えるだろう。

「沈黙状態が続くと、会話が成立していないのではないか」という疑問を持つかもしれない。「間」は無言ではなく、「沈黙」だ。マンガや小説の会話の途中に入る、「……」と表現すればいいだろうか。コールセンターにおいては、お客様に質問を投げかけたにも関わらず、言葉が続かないから、商品説明を始めてしまったり、お客様が話し出そうとしているのに、被せて説明をしてしまう状態が、「間抜け」で調子が整っていないと言えるだろう。以下に、あるリサイクルトナーのコールセンターで聞いた、「間抜けな会話」の例をあげる。

事例　間抜けな会話

応対者「先ほど、お見積もりのFAXをいたしました。ご覧いただけましたでしょうか？」
お客様「あぁ、はいはい。届いてますよ」
応対者「かなりお値段もお安くさせていただいておりますので、ぜひ、ご利用いただければとお電話いたしました」
お客様「ん〜……」
応対者「弊社のリサイクルトナーは、消耗した部分、破損した箇所はすべて新品の部品と交換し、再生加工を行っております。印字枚数、印字品質ともに、純正品と比べて、遜色ございませんので、自信を持って、ご案内させていただいております」
お客様「あー、そうですか……」
応対者「ご注文いただいた商品Aの場合、リサイクルですと、価格が7500円となり、純正品より5000円お安くご購入いただけます。よろしければ、このお電話でご注文を承ります」

まるで立て板に水のごとくの説明である。お客様の気持ちが、潮のようにサーっと引いていくのがわかる。このまま会話を続けていくと、お客様は生返事が多くなり、こちらの説明を聞くどころか、右から左へ受け流すことになるだろう。説明や回答を投げかけたら、それについてお客様がどう思ったのか、反応を待つ必要がある。

会話はよく、キャッチボールに例えられる。お客様から質問というボールを投げられたら、いったん受け止めるのだ。そして、しっかり受け止めたことを、双方が確認したうえで、回答や復唱というボールを投げ返す。今度は、お客様がそのボールをしっかり受け止めているのを、双方が確認したうえで、お客様の次のボールを待つ。この双方が確認する時間や返ってくる言葉を待つ時間が、「間」であり、「沈黙力」だ。

⑥質問力

相手の曖昧なニーズや潜在的な意識を、さまざまな問いかけによって明確化する力

問い合わせをしてくるお客様は、さまざまな聞き方をしてくる。理路整然としてわかりやすい人もいれば、何から聞いていいのかわからず、思いついた順に聞いてくる人もいる。そ

の時、一歩踏み込んで、顧客ニーズや心情を引き出す力が「質問力」だ。質問力がないと、一問一答形式になってしまい、結局お客様は不満足のまま電話を終えることになる。

事例　お客様の質問力に頼るべからず

お客様「料金プランのことについて聞きたいのですが……」
応対者「はい、どのようなことでしょうか」
お客様「Aプランはおいくらですか」
応対者「Aプランは5000円でございます」
お客様「Aプランはどのような特徴があるのですか」
応対者「Aプランの特徴は、通話のご利用は控えめで、インターネットの使用が多い方向けのプランでございます」
お客様「あー、そうですか。では、Bプランはおいくらですか」
応対者「Bプランは6000円でございます」
お客様「Bプランはどのような特徴があるのですか」
応対者「Bプランは、比較的短時間の通話をされる方向けのプランです」

お客様「あー、そうですか。Cプランはいくらですか」
応対者「Cプランは……」

この辺りで止めておこう。放っておくとDプラン、Eプランと説明が続くだろう。お客様は問い合わせのプロではない。自分の問題をどのような質問で解決すればよいのか、わからないお客様も多いのだ。この例は極端だが、これが一問一答形式に陥るということだ。本当のニーズは何だったのか、わからず仕舞いである。

案外、人は質問をされて初めて気づくことが多い。最初に料金プランについて質問された段階で、「料金プランのお乗り換えをご希望ですか?」と聞いてみる。すると、「そうなんですよ、今どんなプランが良いかと思って」と言われれば、「では、お客様の月々のご利用状況を確認しながらご案内いたします。お電話番号を……」という案内につながるだろう。または、「いや、他社からの乗り換えの時に、どのプランが適正かと思って……」と言われれば、「お手元に資料はございますか?」と聞いて、同じ資料を用意したほうが、説明しやすくなる。まさに、質問力が発揮された瞬間と言えるだろう。また、質問をすることで、問い合わせ前には意識していなかった潜在ニーズを顕在化することもできる。お客様を深く知ることで、良好な関係を構築できる要素である。

⑦音声表現力

発した言葉通りの心配りや感情を、誤解されることなく相手に伝える力

「きくスキル」でひときわ異彩を放っているのが、この要素だ。〝発する言葉〟という定義から、これは話すスキルではないかという質問も多い。しかし、「音声表現力」は厳然と「きくスキル」にラインナップされる。

声には表情がある。お客様の声の表情を聞き分ける力は、後述の心情察知力にあたる。では、応対者があいづちを打つ時、復唱確認をする時、どんな表情の声を発しているだろうか。お客様の心情に合った声の表情になっているだろうか。音声表現力は〝声の表情力〟とも言える。

文字では表現しにくいので、**資料2・3の怒った顔で「怒ってませんよ」**を見てほしい。この人物の表情と言葉

資料2・3　怒った顔で「怒ってませんよ」

にギャップを感じないだろうか。同様に、この表情で語られる「申し訳ございません」は、お客様には不満・不本意と伝わる可能性が高い。「わかりました～」と軽く言われた時に、本当に大丈夫かなぁ……と思ったり、淡々とした事務的な応対と感じる時は、ほとんどが音声表現力が欠けていることが原因と言える。その応対者がどう思っているかは別として、お客様にはそう伝わってしまうのだ。発した言葉に相応しい表情を乗せることが音声表現力だ。

ただし、音声表現力は、それ単体で発動されることはない。「あいづち力×音声表現力」「質問力×音声表現力」というように、他の要素と連動することで「きくスキル」となる。発する具体的な言葉がなければ、音声表現力はスキルとして成立はしないのである。

⑧心情察知力

お客様の言葉の奥に含まれる、言葉にならない感情を聞き分ける力

言葉には意味があるが、その言い方でまったく違った意味として伝わることがある。お客様の発する声の表情を聞き分けて、心の中にある思いや感情を察する力が「心情察知力」である。「あぁ、はいはい、わかりました」のような軽い言い方と、ぐうの音も出ないほど論破されて、絞りだすように言う「わかりました」では、言葉を発する時の感情は違う。その声色、声の表情を聞いて、〝中途半端にしか理解されてないな〟と感じたり、〝不満足・不承不承〟といった心情を感じ取ることは、日常のコミュニケーションでも大なり小なり誰もが行っていると思う。仕事上では、その心情を察知したのであれば、それに添った応対に変化させていくことが必要である。心情察知力には、応対変化の選択までを含めている。何を言われたかではなくて、どう言われたのかが重要なのだ。

お客様が不満そうに電話を切っている通話を見つけ、指導した時に、「わかりましたって言ってるから、理解したと思っていました」という返答に何度も遭遇したことがある。そうした応対者は急いで処理に走るあまり、お客様の状態に意識を向けていないことが多い。これこそが、心情察知力が欠如した状態と言える。心情察知力が向上すると、お客様の些細なひと言や、ため息などから、今どんなことを思っているのかを感じ取り、先回りの応対や気の利いた言葉がかけられるようになる。ホスピタリティに必須の要素と言える。

もちろん、すべての心情に応対する必要はない。業務に関係がない心情を、スルーすることも推奨する。心情を捉える目的を考えて応対することも重要であるからだ。

資料2・4 きくスキル8つの要素

あいづち力	話を聞いていることのサインを、タイミングよく声で表現することにより、話を受け止め促進する力
復唱力	相手の言葉を反復することにより、お客様の用件をズレなく理解し、共有する力
語彙力	豊富な言葉のバリエーションを持ち、相手のレベル、知識や状況に相応しい言葉を選ぶ力
要約力	相手の話の要点を端的かつ的確にまとめる力
沈黙力	自分が話し出さずに、沈黙することによって、「間」をコントロールする力
質問力	相手の曖昧なニーズや潜在的な意識を、さまざまな問いかけによって明確化する力
音声表現力	発した言葉通りの心配りや感情を、誤解されることなく相手に伝える力
心情察知力	お客様の言葉の奥に含まれる、言葉にならない感情を聞き分ける力

8つの要素の名称と、その定義については、**資料2・4「きくスキル8つの要素」**にまとめた。後ほどトレーニングの際に、今使っているきくスキルが、8つの要素のうちのどれにあたるかを考える時に、参考にしていただきたい。

要素×要素で生まれる質の高い応対

きくスキルの8つの要素は、融合してこそパワーを生む。状況に応じて融合し活用することで、クオリティの高い「きく」を展開することができる。例えば、最初の名乗りの段階でも、既にいくつかの要素が連動している。

応対者「お電話ありがとうございます。〇×お客様センター、担当藤木が承ります」
お客様「あの～、ホームページで見たんですが、□□の商品についての質問って、ここでいいですか」
応対者「□□の商品でございますね。ありがとうございます。こちらのお電話でお答えしております。どのようなご質問でしょうか？」

どんな現場でもよくある最初のやり取りだ。この応対のなかで、どんな「きくスキル」が活用されているのだろうか。

まずは、最初の名乗りである「お電話ありがとうございます」には、お電話をいただいたことへの歓迎の気持ちを表す必要がある。ここで活用されているのは、「音声表現力」だ。まだ対話は始まっていないが、印象良く思っていただくためには、好感度の高い名乗りが絶対条件になる。既にこの段階で、音声による表現力が求められる。

次に、お客様の第一声に意識を集中する。ここでは、商品に対して質問するお客様の声がどのような心情を含んでいるのかを読み取ることが必要になる。平常心なのか、それとも、普段あまり電話をかけないから、ちょっと勇気を出して電話をしてきたのか、心情によって声の表情は変わる。この要求に対する返答の、「**□□の商品でございますね。ありがとうございます。こちらのお電話でお答えしております**」では、お客様が数ある商品から自社商品に興味を持っていただいたことへの感謝の気持ちを表現したり、「安心してください、何でもご質問にお答えしますよ」という安心感を表現したりできるだろう。これは、お客様の心情によって、自らの応対を変化させる、「心情察知力」が発揮されている。そして、「**□□の商品でございますね**」は「復唱力」が使われているし、「**どのようなご質問でしょうか**」には「質問力」が活用されている。また、応対者のすべての声は、「音声表現力」によって、演出されている。会話が進んでいけば、各要素が連動して発揮されていることをより確認できる。

主要素は能動、副要素は受動

8つの要素は、基盤となる主要素と、支える副要素に分けられる。主要素は「心情察知力」「音声表現力」「質問力」の3つ。副要素は「あいづち力」「復唱力」「語彙力」「要約力」「沈黙力」の5つだ。**資料2・5「きくスキル8つの要素　樹木のイメージ図」**は、各要素の関連性をイメージ化したものだ。「心情察知力」が樹木の幹に当たる部分になっている。これは、「心情察知力」がすべての要素の根幹

資料2・5　きくスキル8つの要素 樹木のイメージ図

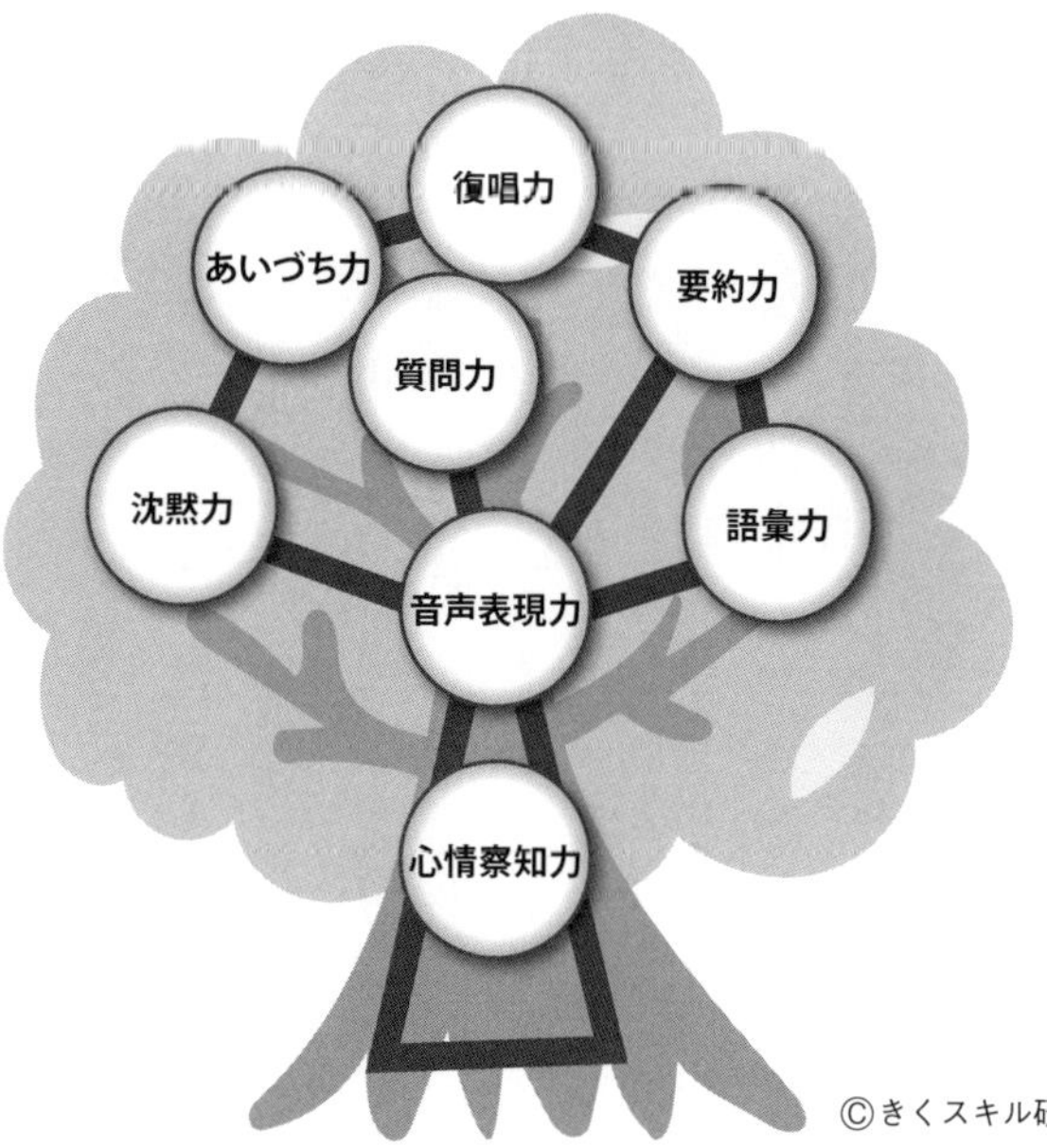

©きくスキル研究会

にあたるからだ。お客様が何を思うのか、何を求めているのか、これを察知するからこそ、応対の次の一手が決まる。対話の受け止めで、お客様の心情がどのようなものであるかを察知し、受け止めることによって、お客様との心理的距離を詰めることもできるのである。

そして、心情察知力と密接な関係性にあるのが「音声表現力」だ。この2つの要素は、いずれも、言語のやり取りではなく、非言語である声の表情に関わる力であり、論理だけのやり取りではなく、感情を伴ったやり取りの力である。要素の関係性については後述するが、お客様の心情を声から察するためには、その声の表情を判断する必要がある。自分の音声表現が、心情察知力の強化を後押しすることになる。

「質問力」は、他の副要素と関係している。この要素は、お客様の反応を引き出すことにある。すべてを詳しく話してくれるお客様ばかりではない。話を進めるために必要なニーズを明確化したり、潜在ニーズを明らかにする。その心情の背景は何なのか、どのようなストーリーがあってお客様の想いは構成されているのだろうか、ということを、勝手に想像するだけではなく、確かめるのもこの質問力である。明らかにすることによって、各要素を使った行動を選択することが容易になるため、主要素の1つとして、重要なポジションに位置づけている。主要素はそれ単体でも機能し、お客様へ能動的にアプローチをする要素である。副要素は、受動的要素が大きく、それ単体では機能しにくい。主要素と掛け合わせることによって、能動的な「きくスキル」として活躍をする要素である。

そして、これらの主要素を、「あいづち力×音声表現力」や、「語彙力×要約力×音声表現力」、「復唱力×質問力×心情察知力」のように他の主要素または副要素と掛け合わすことによって、効力を発揮する。それぞれ、単一の要素でトレーニングをするのではなく、要素が融合してこそ、きくスキルがあると言える。8つの要素の理解を深めたら、まずは単体で機能する主要素を身に付けることを優先してもらいたい。そうすることで、副要素の力が多少弱くても、「きくスキル」は驚くほど上達するだろう。

「きく」は誰でもできる！

ここまで「きくスキル」の8つの要素とその関わり合いについて解説してきた。「これをいきなり実務で完璧にこなすなんて無理、できっこない」という声が聞こえてきそうだ。実際、その通りであり、事実、私も駆け出しの頃は説明することに一生懸命で、実践できていなかった。８つの要素すべてをパーフェクトに発揮できるようなスーパーマンは、そんなにゴロゴロ存在しない。初めから、すべての要素を活用しようと考えずに、１つひとつの要素を意識的にトレーニングしていくことで、身に付けることができる。

まずは「きくスキル」の根幹となる主要素の「心情察知力」「音声表現力」「質問力」を身に付けられるようにトレーニングするのが習得への近道となる。なぜなら、主要素を強化する過程で、副要素も連動して強化できるからだ。では、主要素の３つのうち、どのスキルを優先して身に付けるべきかと問われると、それは人によって異なる。これには個人の素養や経験をベースとした得意分野がそれぞれにあるからだ。主要素のうち、少しでも自分が得意だと感じられる要素から始めよう。

例えば、人の顔色を伺うことが自然とできる人は「心情察知力」から、いろいろ聞きだすことを好む人は「質問力」から始めるとよい。もちろん、副要素に得意分野があるならそこから始めてもいいが、その場合は他の要素を連動して学ぶことが難しい。効率的にきくスキルを養うという観点ではお勧めはできない。

ちなみに、私の場合は、最初にトレーニングに着手した要素は「音声表現力」だった。これは、若い頃に役者の訓練をしていたことが、大きく関連している。人の感情を受容する心情察知力、人の話を聞き出す質問力よりも、自分の感情を表現することが、性に合っていたのである。悲しみの表情を理解し、その声を出す。楽しい表情を理解し、その声を出す。このように訓練を積んでいった。これによって音に対する感覚は鋭くなり、やがて他者が発する音声に含まれる心情もなんとなく読み取れるようになった。音声表現力をトレーニングすることで、心情察知力も連動して強化できたのである。

人との会話は、極めて個性的なやり取りで展開されるものだ。「きくスキル」を身に付けると、お客様と話をすることが楽しくなり、マニュアルに捉われない「真にお客様の立場に立った対応」を実践したくなる。私がそうであったように、皆さんにも、「どんなふうにお客様との距離を詰めて、仲良くなろうかな」と思える日がやってくると信じている。

次章からは、主要素3つの詳細な解説とトレーニング法、指導法を述べる。自信をもって臨もう。

COLUMN

危険な共感力

　きくスキルの体系では、あえて共感力というものは定義していない。クレームをはじめ、お客様と応対する時に、「お客様に共感しましょう」と、誰しも言われたことがあるはずだ。私も言われたし、コミュニケータを指導する際に言ったこともある。しかし、すんなり実践できるコミュニケータもいれば、まったくできないコミュニケータもいる。

　以前は、「共感する方法を教えなければ！」と意気込んでいた。しかし、共感の意味を調べると、「他人の意見や感情などに、その通りだと感じること。また、その気持ち」（デジタル大辞泉より）とあった。応対では、お客様の気持ちがよくわかる場合と、そうでない場合がある。十人十色、千差万別。人は感じ方が違うのが当たり前であり、お客様の言うことが「その通りだ」と感じられないこともあるだろう。にもかかわらず、一律に「共感しましょう」と言われたら、プレッシャーに感じる人もいる。人によっては心のバランスを崩してしまう。

　共感には無理が生じるケースがある。どんなに相手の気持ちを感じ取ることができたとしても、「あなたの気持ちは、よくわかります」という言葉は危険だ。本当にその気持ちがわかると言い切れるのだろうか。極端な例だが、東日本大震災では、多くの方が家族、親族、友人を亡くされた。その当事者に話を聞いた時に、「あなたのお気持ち、よくわかります」とは言えない。もし言えるとしたら、同じような体験・経験をした人だけだろう。

　一律に「共感しましょう」という指導は、どうも共感することが目的になっていると思われる。そうではなくて、本来は、相手から「この人だったらわかってくれる」「この人だったら信頼できる」と思ってもらうことが目的ではないだろうか。こんな表現をすると、詐欺師のようにも聞こえるかもしれない。だが、実際、相手の信頼を勝ち得なければ、お客様に話を聞いてもらうことも、聞きだすこともできない。そのためには、きくスキルの各要素を使い、聞くに徹することで相手の心情を察知し、どんな心情なのかを理解することが必要だ。もし、相手が“辛いんです”と言ったら、「そのお気持ちよくわかります」と共感するのではなく、「今、これこれ、こういうことで辛いんですね」と、気持ちや感情を察知し、理解するように努めることが、目指すべき応対だ。

第3章

心情察知力の実践

言葉を額面通りに受け取る危険性

「わかりました～」と愛想よく答えてくれるお客様のなかには、実は全然話を聞いておらず、理解をしていない人がいる。「はい、大丈夫です」と自信なさげに答える部下が、実はまったく大丈夫ではなく、ものすごく不安を抱えていたりしないだろうか。

人は言葉を操ることで、文明を進化させてきた。言葉によってものを定義し、現象を定義し、さらには感情をも定義してきた。そして、定義した言葉を操ることで、人と人とのコミュニケーションに深みが出せたのだ。しかし、発する言葉と内に秘めた思いは別物である。人は嘘をつく。人は思いのすべてを言葉に乗せることはほとんどない。「私は嘘をついたことがない」と言う人がいたら、確実に嘘つきだ。「タネも仕掛けもございません～」というマジシャンも、代表的な嘘つきである。そんなに人を騙そうとしているわけではない、と言われそうだが、思っていることと違うことを言うことは日常的にありふれている。

「いやぁ～、Aさん、歌上手いですね～」(俺のほうが上手いけど)

「美味しそうな料理ですね～」(まいったなぁ、苦手なカツオがメインかよ……)

といった、心の声を発したことは、誰しもあるはずだ。社交辞令、お世辞という言葉も、こうしたうわべの言葉と裏腹な思いから生まれた表現なのだ。思ったことをストレートに伝えてしまうと、どうしても人間関係に軋轢《あつれき》が生じる。社交辞令やお世辞は、その軋轢を回避するための、人間の習性なのだ。しかし、この習性がビジネスの現場になると、裏腹な思いがギャップを生じさせる要素になる。自分がお客様で、電話をかけて問い合わせをした時のことを想像しながら、左記の事例を読み進めてほしい。家庭教師の入会受付窓口だ。

事例　娘に合う家庭教師を見つけたい

お客様「今、娘が塾に通ってるんだけど、合わないみたいなのよ……。それで家庭教師をお願いしようと思うんだけど、塾とは何か違いがあるんですか」（家庭教師のほうが娘に合うかしら）

応対者「家庭教師と塾の違いですね。ひと言で言いますと違いは2つございます。お子様が移動されるか講師が移動するかの違いと、集合授業か個別マンツーマンでの授業かの違いです」

お客様「先生はどうやって決めるんですか」（先生が合わなかったら、しょうがないのよね。どれくらい家庭教師を雇っているのかなぁ）

応対者「はい、ありがとうございます。お電話にて申込みをしていただき、プランナーがご自宅にお伺いいたします。そこで30分ほど教育相談をいたしまして、どういう先生が良いのか、どんなことに困られているのかを伺い、体験学習を受け、それからお子様に合った先生を決めていきます」

お客様「テスト前だけ集中して利用するというのも大丈夫ですか」（テストの前は部活もないし、ある程度勉強させたいのよね。追加の授業は可能なのかしら？）

応対者「はい、できます」

お客様「その際、試験前のどれくらいから日数をかけるものなんでしょうか」（他の人はどれくらいやるのかしら、どうやってるのか聞きたいわ）

このように、心の声を発しながら、誰しも会話をしているはずだ。先生の決め方を質問しながらも、その真意には、「娘に合う先生が見つかるかしら」という不安がある。この不安を察しているかどうかで、後の会話は変化する。事例の応対者は、先生の決め方を説明しているだけで、子どもに合った先生をどのように決めるかの説明には至っていない。「先生はどうやって決めるんですか」の部分で、不安を察知できていれば、不安を解消するやり取りになっていただろう。

お客様「先生はどうやって決めるんですか？」（先生が合わなかったら、しょうがないのよね。どれくらい家庭教師を雇っているのかなぁ）

応対者「はい、ありがとうございます。プランナーが教育相談をして決めてまいります。得意・不得意分野はもちろん、お子様の性格も把握したうえで、合う先生を決めていきます。こんな先生が良いとか、ご希望はございますか」

というように、不安を受け止め、その不安の真因を探り出すような応対ができるのだ。

この心の声を察することができないと、お客様との会話はすれ違う。購買意欲を察することができないと、あとひと押しができず、お客様を逃してしまう。不安な気持ちを察し損ねると、お客様との会話は収束せず、会話が長引く。イライラを察することができないと、最後にクレームになる。

コミュニケーションは言葉のやり取りだけではなく、その言葉の奥には感情が流れている。言葉にならない感情を聞き分ける力が「心情察知力」だ。お客様の気持ちを察し、その気持ちに添った応対を実現する。きくスキルの8つの要素のうち、中心軸と考えられる。

声の表情から感情を判断する

声の表情と顔の表情は連動する。詳しくは第4章で解説するが、声には表情がある。笑顔の声、明るい声、悲しい声、不機嫌な声などを、感じたことがあるだろう。顔に表情があるのと同様に、声にも表情があるのだ。そして、顔の表情と声の表情は連動する。心情察知力とは、お客様の発した言葉通りに受け取るのではなく、本当にその言葉のまま額面通りに受け取ってよいのかどうか、言葉の裏に別の感情が潜んでいないかどうかに注意を向けながら応対する力のことである。人は、恐怖、嫌悪、怒り、喜びなど、感情が発生すると、その感情が顔面筋(表情筋)を刺激し表情を作る。この表情に文化の差はなく、米国、ロシア、中国、ヨーロッパ、南米、どこの地域でも、恐怖の表情は共通だし、嫌悪の表情も共通している(ポール・エクマン：Paul Ekman著「顔は口ほどに嘘をつく」より)。感情が発生すると、表情に出ない人はいない。誰でも、0・2秒間の微表情が出る。「こんな声が出る時には、こんな表情をしている」、「こんな表情ということは、こんな感情で話をしているのだな」と、判断することができる。

推し量るために必要な「経験のデータベース」

では、発した言葉と違う感情をどのように察すればよいのか。まず心情察知力という言葉を分解して意味を考えよう。

「心情」　心の中にある思いや感情
「察知」　推し量って知ること。それと気づくこと
「力」　学問・技芸などの能力。力量。実力

「広辞苑」で調べた意味をまとめると、「心の中にある思いや感情を、推し量って知る、能力や力量」となる。これで説明はできた……かのように見えるが、少し待ってほしい。「推し量って知る」とはどうやるのか、わからないままだ。

そこで、「推し量る」の意味を調べてみると、「類似の事柄に当てはめてみて、見当をつける。推測する」とある。推し量って知るには、類似の事柄、つまり、察知する人間のデータベース、過去の体験や遭遇した事象が必要になってくる。応対中、人間の脳は、実にさまざまな処理をしている。その時の「声のトーン」「音圧」「間」「会話の経緯」「お客様の背景」「言葉の選び方の癖」などの情報を感知し、「このようなことを思っているだろう」と、推理・推測している。このデー

タベースを鍛えることが、心情察知力を実践する第一歩だ。つまり、経験を積むということだ。

では、どのようにすれば、データベースを鍛えられるのだろうか。ドラマや映画を見て、登場人物の感情を読み取ってみたり、小説など心理描写が細かい作品で勉強したりすることもできる。だが、それらには時間が必要だ。これに加え、日々の仕事の中でも、常にアンテナを張り、「このお客様は何を考えているのだろう?」と意識することも有効だ。常に、人の言葉と行動、その整合性を観察し、その結果を記憶していくことが肝要になる。

実は、既にそのデータベースが大きく育っている人がいる。皆さんの周りにもいないだろうか。普段の行動と違うところを見て隠しごとに感づく人だったり、薬を飲むのでお水が欲しいと思っていたら、スッと出てくる蕎麦屋さんだったり。人の行動から、感情や気持ち、すなわち心情に気づくことに長けている人がいる。この人たちは、恐らく子ども時代から、人の一挙手一投足を自身のデータベースとして積み上げてきたのだろう。天性の心情察知力の能力者だ。コールセンターでも、このタイプの人は、業務知識を教えるだけで、スタートアップが驚くほど早く、即戦力になる。しかし、データベースを積み上げるためには、人の一挙手一投足に意味づけをして、記憶する必要があり、普段の生活でそれを行っている人は稀である。そのため、〝データベースを構築をする〟ことを意識して、訓練する必要がある。

逆にいえば、訓練をすれば、誰でも心情察知ができるようになるということだ。

心情察知力活用　3つのステップ

さて、実際の応対では、お客様が話す声と言葉から、どんな感情や気持ちなのかを察知しなければならない。発した言葉と声の表情に整合性はあるか。もし違うならば、「どんな気持ちでその言葉を発しているのか」をどう紐解くかが重要になる。

心情察知力を発揮するためには、次の3つのステップを踏む。実は、この3ステップは、人が普段、無意識に一瞬で行っている。それだけ、脳の処理はハイスピードだ。これらのステップの意味を1つひとつ知ることで、心情察知力をより深く理解することができる。

ステップ1　お客様の心情を察知する
ステップ2　察知した心情を分析する
ステップ3　分析した心情に対して、応対をする

ステップ1は「感じる」、ステップ2は「考える」、ステップ3は「対処する」ということだ。「ん？」と気づき、「なんだろう」と考えて、「行動する」。通常の会話では、こんな感じのステップを誰しもが行っている。これらを意識的に行うことで、お客様との会話をスムーズにし、真のニーズや要望を引きだすことができる。各ステップでのポイントを解説していく。

ステップ1「感じる」：お客様の心情を察知する

「お客様がどう思っているのか?」「何を感じたのか?」など、心情や感情に動きがあったことに気づくステップだ。過去の同様の経験と、同じような言葉と声色に対し、「ん?」と思うことだ。例えば、声のトーンや大きさが変わったり、いきなり生返事になったり、反応に変化があった時に、心情が表れているポイントがある。家庭教師探しの事例でいえば、「先生はどうやって決めるんですか?」という声色から、〝普通ではない何か感情が流れているな〟と、引っかかりを感じ取れるかが重要だ。この引っかかりがないと、お客様の心情はスルーされ、会話が深まることはない。第六感というと語弊があるかもしれないが、「何かあるな!」とピンとくる感覚を大切にしたい。

ステップ２「考える」：察知した心情を分析する

しかし、ピンとくるだけでは、対処につながらない。その感じたことが何なのか、なぜそう思ったのか、どういう背景がその心情を生んでいるのか、相手の声のトーンや抑揚などを自分の経験に照らし合わせ判断するステップだ。ここでは、声の表情だけではなく、選んだ言葉、今までの会話の運び、お客様の背景など、さまざまな情報を頼りに判断する。「先生はどうやって決めるんですか？」という声色から、〝どうも不安がありそうだなぁ。先生の決め方に不安があるのかなぁ。それとも、決まった先生が合うかどうかを心配しているのかなぁ〟など、お客様の心情を推し量る。感覚を言語化すると言えばよいだろうか。感じ取った「何か」を言葉で表す。言葉にすることによって、人の頭は思考を始める。お客様の心情を思考することにより、お客様への真摯な態度にもつながる。

ステップ３「対処する」：分析した心情に対して、応対をする

感じて、考えたお客様の心情に、どのように対処するのかを考え、応対するステップだ。感じただけで何も対処しなければ、それは心情察知したことにはならない。その心情に対して、適切であろう応対をすることまでを含めて、心情察知力と言う。その適切な応対には、

第2章で解説した「きくスキル8つの要素」を使う。再度質問をしたり、あいづちで話を促したり、音声表現力を駆使して回答をしたり、分析したお客様の心情に対して、適切であろうと思う応対を展開する。もちろん、その応対が適切かどうかは、お客様が判断する。もし、適切でない場合は、お客様の反応が芳しくないものになる。その時は再度、「感じて↓考えて↓対処する」の心情察知力のステップを繰り返そう。

これらのことを、人は一瞬で判断している。しかしながら、心情を推理・推測するための脳のデータベースには個人差がある。一瞬と言ったが、一連のスピードにも個人差がある。判断が早いからといって良いわけではない。「感じる」「考える」が早くとも、「対処する」は、応対のなかでお客様の状況を待たなければならない。お客様に喜んでもらえるアプローチをすることも含めて心情察知力だ。

以前、とくに訓練をしていないのに、心情察知力が高いコミュニケータと話をしたことがある。子どもの頃に家族から虐待まがいの扱いを受けていたという。あくまでも虐待まがいであって、虐待ではないらしいのだが……。両親は共働きで、夜遅くに帰ってくるため、同居の祖父母が親代わりだったらしい。祖父は躾《しつ》けに厳しく、箸の持ち方が悪いと物差しで打たれるぐらいのことはしょっちゅうで、門限に1分でも遅れるとビンタに晩飯抜き、ちょっと羽目を外してふざけると、すぐに鉄拳が飛んできた幼少時代だったらしい。

そうすると、必然的に祖父に怒られないように、顔色を窺う生活になる。「今、不機嫌ではないだろうか」「機嫌が良さそうだからおねだりしてもよさそう」「機嫌が悪そうだから余計なことはせず勉強してるように見せかけよう」など、とにかく祖父の気持ちを荒れさせないように生活するようになったという。その人は、言ってみれば、命がけで心情察知力に必要なデータベースを構築していったのだ。祖父の表情や声色、居住まい、佇まいなどから、機嫌の良い時、悪い時を学習し、自身のデータベースに記録していった。

データベース構築において、普段を漫然と過ごしていると、経験が蓄積しないことがある。人の脳は面白いもので、興味のあるもの、意識を集中しているものを記憶する傾向にある。逆に、無意識のもの、生きるうえで必要がないと判断した事柄については、記憶には残らず、スルーしがちだ。その人は、生きるうえで必要なこととして、祖父の一挙手一投足を察知した。普通の生活をしていて、そこまでの危機に遭遇することはあまりない（と信じたい）。故に、訓練なしで心情察知できる能力者は、そんなに多くないと思われる。私も訓練をして能力を身に付けた。以前は、どちらかというと、「人は人、自分は自分」と考え、人の心情や行動に興味はあまりなかったように思う。しかし、俳優を目指して上京してきたという過去を持っている。俳優は人の感情を表現して、演技をすることが仕事になる。そのための訓練を20代前半〜後半にかけて行ってきた。その間、掛け持ちしていたコールセンターのアルバイトでも、人の気持ちを察したり、単なる仕事以上にアンテナを張っていた。俳優業に役立つと思っていたからだ。もちろん、その取り組みは正しく、心情察知力に磨きがかけられたと自負している。悲しいかな、表現する技術が俳優業で光ることなく、役者としては鳴かず飛ばずで、20代後半に俳優で一旗揚げることは諦めた。だが、その時の訓練が、相手の心情を察知する力につながり、そのトレーニング方法を開発するに至っている。何が言いたいかというと、心情察知力は、本人の意志と訓練次第でいかようにも伸ばせるということだ。

心情察知力の習得

心情察知力のトレーニングには、通話録音データを利用する。お客様の声から、どんな心情なのかを実際に考えていく。汎用的な音声教材（トレーナー、外部講師が制作した教材など）を利用してもいいし、実際の通話録音データを利用しても構わない。そして、その際に通話録音をテキスト化したものを用意してほしい。トレーニング対象者に通話録音をテキストに書き起こしてもらってもいいだろう。

通常の会話は、次々と言葉が流れるように展開していく。最終的に、会話中に心情察知できるようになるのが理想だ。そのためには、一度、会話そのものをじっくりと検討する必要がある。車の運転と一緒で、慣れるまではゆっくりと、1つひとつの作業に時間をとって練習する。意識的に動作を繰り返すことによって、やがて自然にその動作を行うことができるようになる。最初はアクセルとブレーキを目で確認しなければ、踏むことすらおっかなびっくりだったのに、今ではまったく無意識で操作しているようなものだ。心情察知力のトレーニングも同じことが言える。まず、3ステップを意識的に考えながら進めていく。そうすることによって、1つひとつのステップに必要な情報を、経験というデータベースに蓄積していくのだ。

ここで、心情察知力活用の3ステップをおさらいしておこう。「感じる」「考える」「対処する」である。これらを1つひとつ丁寧に考えながら実践し、体得する手順を解説する。

①一緒に応対の録音をきく
②テキスト化した応対を確認しながら、もう一度きく

③心情察知する：応対シナリオの「お客様の心情が表れている」と思った場所に線を引く
④分析する：線を引いた部分の「お客様の心情を言葉で書き出す」
⑤応対を考える：書き出した心情に添って、応対を適切なものに変える
⑥読んでみる：考えた応対をロールプレイングで確認する
⑦フィードバック

以上の順番でトレーニングする。対象は1人でもよいが、複数人（2名〜5名程度）のグループで行うのが効果的だ。人の感じ方には違いがあるので、少人数でも意見の違いが出てくると、そこで話し合いが生まれて面白くなる。ただ、グループの人数があまりに多いと、〞社会的手抜き〟といって、議論に参加しない人が出てくる。人数は絞るように心がけよう。指導する際の手順は、**資料3・1「心情察知力のトレーニング手順」**にまとめた。ざっと流れを確認しながら、手順1〜7の、それぞれのポイントと注意点を見ていこう。

①一緒に応対の録音をきく

対象者と一緒に、通話録音を確認する手順だ。コールセンターなどであれば、普段フィー

資料3・1　心情察知力のトレーニング手順

プロセス1　一緒に音声を確認する

該当の音声をコミュニケータと一緒に聞いて、指導する音声を確認する

プロセス2　もう一度聞く（テキスト化）

音声をテキスト化したプリントを見ながら「お客様の声に集中して」もう一度聞く

プロセス3　心情察知する

書き起こした会話で、お客様の心情が表れていると思うところに、線を引いてもらう

プロセス4　分析する

線を引いた箇所の、お客様の心情を具体的に記入してもらう

このステップでつまずいている場合

- 自分が何を言ったかではなく、お客様の声に集中して聞いてもらう
お客様の言葉を読んでもらう
- 普段のシチュエーションを思い起こさせるような質問をして、お客様と同じような言葉を言ってもらう

プロセス5　応対を考える

お客様の心情を受けて、どのようなアプローチをすれば良いかを考える。
きくスキルの8つの要素への紐づけを意識する

プロセス6　読んでみる（ロールプレイング）

考えたアプローチをロールプレイングで確認する

プロセス7　フィードバック

ワークシートにまとめて、振り返る

ドバックを行う前に、対象音声を聞いたりするだろう。その手順と同様だ。ここでは、フラットな状態で聞くことがポイントとなる。

②テキスト化した応対を確認しながら、もう一度きく

この時点で、音声をテキスト化したプリント（シナリオ）を用意しよう。文字を見ながら、もう一度音声を聞く。その際に、お客様の声に集中してほしい。よくある反応としては、「もう少しゆっくり話したほうが良かったと思います」とか「先に○○を説明したほうが良かったと思います」と自分の反省をしてしまうことがある。しかし、自分の応対を反省するにも、お客様がどう思っているのかを汲み取らなければ、反省する意味がない。お客様が求めていない反省をしても仕方がない。お客様の声と心情に集中することが肝要だ。

③心情察知する：応対シナリオの「お客様の心情が表れている」と思った場所に線を引く

ここからが「心情察知力」の本領だ。シナリオのお客様のセリフのうち、心情が表れていると思う部分に線を引く。再度音声を聞いて確認しながら線を引いてもよい。慣れないうち

は、お客様の声の調子が変化したところを意識しよう。今まで普通に話をしていたけれども、不用意なひと言で声の表情がガラリと変わるシーンがあったりする。その変化に集中する。コントラストの原理が働き、変化に気づきやすくなる。変化する箇所以外も、心情が表れている箇所はあるはずだ。徐々に意識する範囲を広げていき、お客様の心情に変化があまりない箇所にも気づくようになる。徐々に慣れていってほしい。

④分析する：線を引いた部分の「お客様の心情を言葉で書き出す」

線を引いた箇所のお客様の心情を考え、具体的に言葉で書き出す。人は、言葉で言っていることと、その時に思っていることは違ったりする。お客様の声の表情をよく聞いて、その感情や思っているであろう本音を書き出す。もちろん、話している言葉と、思っていることが一致しているシーンもあるだろう。すべてに裏があるわけではない。その場合は、その言葉を言った時の感情を考えていく。「怒り」なのか、「憤慨」なのか、「喜び」なのか、「うれしい」けれど「恥ずかしさ」混じりなのか。感情を具体的な言葉で表す。言語化するというのは、心情察知力を向上させるポイントでもある。もやもやしている感情を言葉にすることで、理解しやすくなる。これは、基本コミュニケーション能力の向上にもつながるので、ゆっくりと時間をとって取り組んでほしい。

指導者と対象者の意見が異なることも、時にはあるだろう。しかし、答えを知っているのは指導者ではない。お客様である。合っているかどうかはお客様にしかわからない。もし、意見が異なった場合は否定せずに、どうしてそう思ったのかを確認してほしい。そこに指導の手掛かりが隠れているだろう。

資料3・2・❶「心情察知してみた　家庭教師編」は、冒頭で参照した、家庭教師のコールセンターの事例だ。お客様の言葉に実線を引き、その下に心の声を書き出した。この手順をある程度イメージできるだろう。実際のトレーニング現場で使いやすいようにヨコ書きで記したので、これを参考に作成してほしい。

実際、複数人で課題を実践すると、「察知する」ステップと、「分析する」ステップは、同時にできる。真剣に、かつワイワイと話しながら進めると、意外に面白い意見が飛び出すことがある。ここでも、「もっと受け止めをきちんとしたほうが……」などといった応対者の反省になってしまいがちだが、何度も言うように、お客様がどう思っているのかが重要なのだ。お客様の気持ちに集中しよう。

資料3・2・❶　心情察知してみた 家庭教師編

応対者1

お電話ありがとうございます。プロ家庭教師リトライの加藤です。

お客様2

すみません、ちょっと今、娘が塾に通ってるんですけど、なんか合わないみたいで、

不安・何が合わないのかわからないのよねぇ……

それで、家庭教師をお願いしようと思うんだけど塾とは何か違いがあるんですか？

家庭教師の方が娘に合うかしら？

応対者3

はい、ありがとうございます。家庭教師と塾の違いですね。ひと言で言いますと違いは2つでございます。お子様が移動されるか講師が移動するかの違いと、集合授業か個別マンツーマンでの授業かの違いです。

お客様4

先生はどうやって決めるんですか？

先生が合わなかったら、しょうがないのよね。
どれくらい家庭教師を雇っているのかなぁ

応対者5

はい、ありがとうございます。まずは、お電話にて申込みをしていただき、プランナーがご自宅にお伺いいたします。そこで30分ほど教育相談をいたしまして、どういう先生が良いのか、どんなことに困られているのかを聴いて、体験学習を受け、それからお子様に合った先生を決めていきます。

お客様6

テスト前だけ集中して利用するというのも大丈夫ですか？

テスト前は部活もないし、ある程度勉強させたいのよね。
追加の授業は可能なのかしら？

応対者7

はい、できます。

お客様8

その際、試験前のどれくらいから日数をかけるものなんでしょうか？

他の人はどれくらいやるのかしら、どうやってるのか聞きたいわ

次頁へ続く

応対者9
はい、テスト前集中できるんですが、えー、まず、テスト範囲が決まってから、それから学校……、あっ、高校生でいらっしゃいますか？

お客様10
高校生です。

応対者11
高校生ですね。テストが集中しますので、まずは、先に、体験をして、早めに予約というかたちをお願いしております。

お客様12
料金っていくらぐらいかかるんですか？
塾よりあまりに高いようなら、利用できないしなぁ……

応対者13
私ども、入会金や年会費などは一切いただいておりません。1時間当たりの授業料が違っております。文系ですと4500円、理系ですと4550円、プラス市内であれば500円の交通費、単純に授業料は科目ごとの金額になります。

お客様14
あー、そうなんですか？
やっぱりそれなりにかかるわねぇ

応対者15
はい、お母様、今無料で、体験講座が受けられますので、もしよろしかったら、体験だけでも受けられてみませんか。

お客様16
まだ娘には言っていないので、娘と相談してから、決めてみます。

応対者17
左様でございますか。うちの講師はすべて社会人の講師でございますので、ぜひ、よろしくお願いいたします。プロ家庭教師リトライの私、加藤と申します。お電話ありがとうございました。失礼いたします。

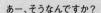

⑤応対を考える：書き出した心情に添って、応対を適切なものに変える

お客様の心情を受けて、どのような応対にすればいいかを考えるステップだ。お客様の心情をじっくりと考え、次の応対者のセリフを、その心情に対して適切な応対に変える。本当の心情は、お客様にしかわからない。しかし、だからといって、「今のお言葉からは、少し驚かれた感じを受けましたが、そうですか」とか、「そのように声を荒げるということは、お怒りということでよろしいですね」などと、訊くわけにもいかない。訊けば、かなりの確率で、ミスコミュニケーションに発展するだろう。

実際の応対では即時に答えを出さなければならないが、演習なので、即答する必要はない。じっくりと、どんなアプローチをしたらよいのかを考えよう。

適切だと思う応対ができたら、その応対は、きくスキル８つの要素の、どれを使って応対したのかを考える。「申し訳ございません、○○ということですね」という応対にしたのであれば、『あいづち力＋復唱力＋音声表現力』を使用した、というように、きくスキル８つの要素のどれを使って応対したかを表明する。このことで、能動的に「きくスキル」を実感してもらうことができる。

今度は、**資料３・２・❷「心情察知力あり　家庭教師編」**（９５頁）を確認しよう。お客様の心情を察知した応対者のセリフが変化している。そのセリフに、きくスキル８つの要素の

どの力を使っているのかも確認する。これは「心情察知する」→「応対を決める」という構図を意識するために行う。それと同時に、どんな応対をしたらいいのかを考えやすくするために、その応対はきくスキル８つの要素のどの力に紐づいているのかを書きだそう。

⑥読んでみる：考えた応対をロールプレイングで確認する

考えた応対を、お客様役・応対者役に分かれて実演する。どちらの役を経験するのも効果がある。お客様役を体験する時には、できるだけ、お客様の音声表現を真似てみるように、意識を促してほしい。そうすることによって、「お客様がどのような気持ちで話をしていたか」を少しでも感じることができれば成功だ。その体験の蓄積が、今後の心情察知力に役立つはずだ。応対者役を演じる時には、自分が今使っているきくスキルの要素を意識することがポイントとなる。意識的にきくスキルを選択していることを、反復で訓練するのだ。

資料3・2・❷　心情察知力あり 家庭教師編

応対者1

お電話ありがとうございます。プロ家庭教師リトライの加藤です。

お客様2

すみません、ちょっと今、娘が塾に通ってるんですけど、なんか合わないみたいで、

不安・何が合わないのかわからないのよねぇ……

それで、家庭教師をお願いしようと思うんだけど塾とは何か違いがあるんですか？

家庭教師の方が娘に合うかしら？

応対者3

はい、ありがとうございます。家庭教師と塾の違いですね。ひと言で言いますと違いは2つでございます。お子様が移動されるか講師が移動するかの違いと、集合授業か個別マンツーマンでの授業かの違いです。

お客様4

先生はどうやって決めるんですか？

先生が合わなかったら、しょうがないのよね。
どれくらい家庭教師を雇っているのかなぁ

応対者5

はい、ありがとうございます。プランナーが教育相談をして決めてまいります。得意不得意などの分野はもちろん、お子様の性格も把握したうえで、合う先生を決めていきます。こんな先生が良いなど、ご希望はございますか？

音声表現力＋質問力

お客様6

テスト前だけ集中して利用するというのも大丈夫ですか？

テスト前は部活もないし、ある程度勉強させたいのよね。
追加の授業は可能なのかしら？

応対者7

はい、できます。

音声表現力

お客様8

その際、試験前のどれくらいから日数をかけるものなんでしょうか？

他の人はどれくらいやるのかしら、どうやってるのか聞きたいわ

次頁へ続く

応対者9

どれくらい学習すればよいかということですね。そうです
要約力＋質問力＋復唱力
ねぇ。みっちりされる方もいれば、ポイントだけで、あとはお子様任せという方もいらっしゃいます。その辺りも、プランナーの教育相談でいろいろ相談できますよ。お子様は、高校生でいらっしゃいますか？
質問力

お客様10

高校生です。

応対者11

高校生ですね。テストが集中しますので、まずは、先に、体
復唱力
験をしてから、合うかどうか、ご判断されてはいかがでしょうか。
音声表現力＋質問力

お客様12

料金っていくらぐらいかかるんですか？

塾よりあまりに高いようなら、利用できないしなぁ……

応対者13

私ども、入会金や年会費などは一切いただいておりません。1時間当たりの授業料が違っております。文系ですと4500円、理系ですと4550円、プラス市内であれば500円の交通費、単純に授業料は科目ごとの金額になります。

お客様14

あー、そうなんですか？

やっぱりそれなりにかかるわねぇ

応対者15

はい。……。お母様、プランナーの相談は無料でもございい
沈黙力
ますので、体験だけでも受けられてみませんか？
質問力

お客様16

そうね〜、でも、まだ娘には言ってないのよ。

応対者17

左様でございますか。それでは、資料だけでもお送りしま
復唱力　**質問力**
しょうか？概要がつかみやすいと思いますので。
要約力

以下、会話続く〜

⑦フィードバック

実践したロールプレイングに対して、どこがどうだったのかを具体的に伝えよう。行った結果、どのように感じたかを聞き、それに対しての意見や感想を述べる。「良かったよ」というだけではなく、何が、どう良かったのかを伝えるようにしてほしい。「具体的箇所＋何が＋どうだったか」という構成だとよい。例えば、資料3・2・❷「心情察知力あり　家庭教師編」のフィードバックであれば、「9行目（応対者9）の〝どれくらい学習すればよいかということですね〟というセリフ（具体的箇所）は、お客様の疑問を言いかえて表現している（何が）から、お客様の質問の確認とこちらの理解度が伝えられていて（どうだったか）良かったと思います」というような伝え方だ。また、改善点が出てきた場合も、極力、本人の批判にならないように、「次にどうしたらよいのか」にフォーカスして伝えるようにすると効果的である。

トレーニングでつまずいたら／ステップ別対処法

一連の手順のポイントを解説した。心情察知力のトレーニングを行っていると、3ステップのうち、どのステップが苦手なのかがわかってくる。もちろん、それぞれ対処法が違ってくる。

ステップ1「感じる」でつまずいている場合

お客様の声に気持ちが表れていること、感情が流れていることに気づけていない場合だ。言葉に注意するあまり、声のトーンや声色の変化などに気づけていない。文字起こししたシナリオから一度、目を離して、通話録音の再生に集中しよう。そのうえで、お客様の声のトーンや音量が変化するところを、何度も聞いて確認するトレーニングを行うとよい。

ステップ2「考える」でつまずいている場合

声に表れている気持ちの変化には気づけているものの、お客様がどんな気持ちになっているのかがわからない状態である。もしくは、明らかにお客様が気分を害している応対をしているが、その理由がわからないケースだ。お客様の心情を間違って捉えている可能性もある。お客様のセリフを声に出して読み、お客様の音声表現を真似るトレーニングをしてみるとよい。過去に、同じような声色や言い方を聞いたことがないかどうかを確認してみるのもよい。

また分析時に、言葉で表現することがなかなかできない人もいる。これは慣れていないので仕方がない。その時は、感情を表現するのではなく、大雑把に分類してみよう。つまり、お客様の音声が、好意的な心情なのか、負の心情なのかだ。好意的な心情の場合は応対にとくに気をつける必要はなく、普通に応対すればよい。問題は好意が感じられない場合だ。

負の心情だと思ったのであれば、その心情を「不安」なのか「不満」なのかに分けてみよう。「不安」は気掛かりで落ち着かないことであり、心配ごとがあるのだろう。その心配ごとを見つけることが優先される。「不満」は物足りなく、満足しないことであり、待遇や応対に対して何か思うところがあるのだろう。トレーニングの取っ掛かりとして、「好意的」「不安」「不満」の3分類から始めてみよう。慣れてきたら、徐々に分類を細かくしていくとよい。

ステップ3「対処する」でつまずいている場合

お客様の心情を察知し、分析しているものの、どのように応対すればよいのかがわからず、言葉に詰まるケースだ。これは対処のスキルアップが必要になる。これまで培ってきた具体的なスキルをお客様の心情に紐づけて使うことをトレーニングする。スキルを教えるだけにとどまらず、なぜそのスキルを使うのかを問いかけていくと、理由を考えることになる。スキルの裏打ちとして、その理由を明確にすることによって、さらに学習効果が増す。

心情察知力の指導は、少しコーチングの技術を要するかもしれない。お客様がどう思っているのかを考えてもらう必要があるからだ。教えるのではなく、どう感じたか、その感性を磨くためには、事象についてとことん考えてもらうようにしたい。参考までに、章末に指導の際の理想的なフィードバックシナリオを掲載した（**資料3・3「理想のフィードバックシナリオ」**）。これは、ある宅配便のコールセンターの指導者とコミュニケータとのやり取りで、心情察知力トレーニングの手順に基づいて展開している。それぞれの手順の時に、ポイントに集中してもらう方法の一例を掲示した。「再度通話録音を聞く」「声の変化に集中させる」「同じような経験を思い返してもらう」などの各ポイントで質問することによって、考えてもらっている。もちろん、この運びは理想であり、すべてがこの通り進むものではない。応対者の反応によって、いろいろと工夫をしてほしい。

資料3・3 理想のフィードバックシナリオ

［宅配便のコールセンターで、営業時間外のため、お客様の要望にお応えできなかった案件］

❶トレーナー：今の応対は、先日の山田さんの応対で間違いないですね？

❷COM（山田）：はい。

❸トレーナー：今日は、この応対を振り返ってみたいんだけど、聞いてみてどう思った？

❹COM：どうって……。もう受け付けができない時間なんで、こんな感じの応対になるんじゃないですか。

❺トレーナー：確かにそうだよね。会社の仕組み上、どうしても断らなければいけないからね。このお客様に100％満足してもらうことは無理だろうね。でも、会社の仕組みに対する不満足でも、お客様に寄り添うことで、その不満を少しでも軽くしてあげられることができないかを考えたいと思うんだけど……。

❻COM：そんなこと、できるんですか？

❼トレーナー：できるかも知れないし、できないかも知れない。でも、お客様が嫌そうな声を聞くのも嫌じゃない？　だから、一緒に考えてくれないかな？

❽COM：わかりました。

❾トレーナー：ありがとう。じゃあ、早速、さっきの応対を思い出しながら、書き起こしたシナリオに、お客様の言葉で、お客様の心情が表れていると思ったところに線を引いてみてね。

❿COM：線ですか……。うーん、ちょっとイメージわかないですね。

⓫トレーナー：そうですね。自分が何を言ったかではなくて、お客様の言葉に集中してみて。例えば、○行目のところなんかは、お客様は、どんなふうに言ってた？

⓬COM：「えーっ」、ですか？（※えー、とお客様が叫んでいたと仮定する）

⓭トレーナー：もうちょっと激しい感情だったんじゃないかな？

⓮COM：そうでしたっけ？

⓯トレーナー：もう一回、お客様の声を聴いてみようか。

⓰COM：はい。

～再生する～

⑰トレーナー：どうだった？
⑱ＣＯＭ：はい、なんか今までよりも声が大きくなったような気がします。
⑲トレーナー：そうそう、そこに気が付いたんですね。ということは、お客様の何らかの気持ちが表れていると思っていいんじゃないかな？
⑳ＣＯＭ：そうですね。
㉑トレーナー：じゃあ、そういった、お客様の気持ちが表れていると思うところに、線を引こう！
㉒ＣＯＭ：はい。
㉓トレーナー：次に、線を引いた箇所で、お客様はどんな心情だと思う？　具体的に書いてみようか。
㉔ＣＯＭ：具体的にですか……わからないですね。
㉕トレーナー：そっか。例えば、山田さん、このあいだ有休の申請を出してくれてたよね。
㉖ＣＯＭ：あっ、はい。
㉗トレーナー：実は、申し訳ないんだけど、あれ、申請が通らなくて、その日は出勤してもらいたいんだけどなあ。
㉘ＣＯＭ：えー、何でですか？　ちゃんと2週間前には提出してるし、もう予定を入れてしまってるから休めないと困るんですけど！
㉙トレーナー：ははは、ごめんごめん、冗談です。有休は申請通り取ってもらっていいですよ。それより、ちょっと思い返してほしいんだけど、私が「申請が通らない」って言った瞬間、「えーっ」って言いましたよね。その時、どんな気分でした？
㉚ＣＯＭ：どんな気分って、ビックリしましたよ。取れると思ったものが取れないって言うから。ウソでしょ、って思いました。
㉛トレーナー：そうですか。じゃあ、今の「えーっ」、ってお客様の「えーっ」と似てると思いませんか？
㉜ＣＯＭ：あー、そうですね。声も大きくなってるし、ビックリして、ウソでしょ、とか思ったんですかね？
㉝トレーナー：うん、そんな気持ちがお客様の感じかもしれないですね。そんなふうに考えると、お客様

の心情が、だんだん理解できるんじゃないかな？

㉞ＣＯＭ：そうですね。

㉟トレーナー：じゃあ、この「えーっ」って言っているお客様に対して、どんなふうに対応したら、その驚きとか、〝ウソでしょ〟って気持ちを受け止めることができると思う？

㊱ＣＯＭ：まずは、できないことを謝るとか……ですか？

㊲トレーナー：そうですね、それはいいかも知れない。まずは、お客様の〝ウソでしょ！〟という気持ちに対して、謝ることで受け止めるんですね。じゃあ、具体的にどんな言葉を使ったらいいだろう？

㊳ＣＯＭ：申し訳ございません……とか。

㊴トレーナー：いいですね。シンプルだけど、一番伝わるのではないでしょうか。じゃぁ、私が「えーっ」って驚いてみるから、いま山田さんが言った「申し訳ございません」を言ってから、ここの説明を伝えてみましょうか？　では、行きますよ。「えー？　今日もう、受け付けることができないんですか？」

㊵ＣＯＭ：申し訳ございません。本日の受付時間は18時までとなっております。18時を過ぎていますので、明日もう一度、ご連絡いただけませんでしょうか。

㊶トレーナー：いいですね～。まず謝ってもらったことで、お客様の心のなかのひっかかりがなくなるような気がしますね。これは、単なる説明の前に、あいづちのバリエーションを駆使して、お客様に「申し訳ない」という気持ちが伝えられていると思いませんか？

㊷ＣＯＭ：そうですかね、なんかまだしっくりはきていないんですけど、いきなり説明を始めるよりはいいような気がしました。

㊸トレーナー：何か、ちょっと変化があったのであれば、良かったです。徐々にでいいので、お客様の気持ちに合わせる、受け止めるために、お客様が今どんなことを考えているのか、どう言ってもらったらいいと感じるのかを考えるきっかけにしてください。

㊹ＣＯＭ：そうですね、わかりました。

㊺トレーナー：ありがとうございます。

第4章

音声表現力の実践

抽象的で最も恐ろしい要素「声の印象」
――メラビアンの法則に学ぶ

印象。それは言葉では説明の難しい、精神に対する感覚的な影響のことを言う。第一印象という言葉があるように、人は相手の印象というものを常に判断している。「初めまして！」と挨拶した時に、「なんだか楽しそうな人だな」や「明るくて感じの良い人だな」とか、逆に「なんだか怖そうな人だな」「強面でちょっとビビるな」「ちょっと気に障ることを言ったら、いきなり怒鳴ってきそうだな」などの判断をしているはずだ。この印象度を研究した心理学者が、アルバート・メラビアン（Albert Mehrabian・米）だ。彼が導き出した「メラビアンの法則」によると、人は、3つの要素からその印象を判断している。まずは「視覚」。すなわち、目に見えるものであり、身だしなみ・表情・仕草・動作など。次に「聴覚」。何を話したかではなく、「どう声を発したか」であり、声のボリュームが大きい・小さい、トーンが高い・低い、抑揚がある・ない、などだ。最後が「言語」だ。つまり話の内容そのもののことで、「おはようございます」と言えば朝のあいさつだなとか、「ありがとうございます」と言えば感謝の気持ちの言葉だな、という判断である。

では、この３つを合わせて１００％とするならば、視覚・聴覚・言語は、それぞれ何％ずつくらいの割合で印象に影響するだろうか。メラビアンの法則は統計情報から導きだされており、個人差はあると思うが、「自分だったらどう判断しているか」と考えてみてほしい。普段の研修でも、受講生によく確認する質問である。

メラビアンの法則では、「視覚55％、聴覚38％、言語7％」の割合で、人は印象を判断しているという統計がある。この法則は新人研修などで使われることが多い。「視覚は55％もあって、重要でしょ。だから、身だしなみには気をつけてくださいね」という使われ方が一般的だ。しかし、メラビアンが言いたかったことは、そうではない。この3つの要素、「視覚」「聴覚」「言語」は、突き詰めていくと、大きく「言語」とそれ以外の情報に分類される。心理学の専門用語では、言語はバーバル（verbal：フランス語で「言語」という意味）情報、それ以外をノンバーバル（non-verbal）情報と呼ぶ。ノンバーバルは、日本語に訳すと非言語情報となる。

メラビアンは、このバーバル情報とノンバーバル情報、すなわち、言語情報と非言語情報に不一致、矛盾点が生じた場合、人はノンバーバル情報のほうを重く受け止める傾向がある、と論じる。**資料４・１「怒った顔で怒ってませんよ」**（１０８頁）を見てほしい。この男性の表情で「もう怒っていませんよ」という言葉をどう感じるだろうか。怒っているように見える人

資料4・1 怒った顔で怒ってませんよ（再掲）

が大半であろう。お笑い芸人でも、このギャップを利用したネタが多く使われている。例えば、「謝れよ」と言われて、「ごめんね、ごめんね〜」と空の方に向かって、冗談交じりに言う姿を見たことのある人も多いだろう。まったく謝っているように見えないあの仕草は、まさにメラビアンの法則が当てはまる。もしこれが、怒ってるように見えないというのであれば、言葉を額面通りに受け取っているのであり、印象を見ようとしていないか、印象を見たくないと思っている可能性がある。言葉よりも、その時の表情や仕草、言い方で、どのように思っているのかを判断する。これが、メラビアンが提唱した法則だ。

今度は、電話での応対にこの法則を当てはめると、本来は55％ある視覚情報が0％になる。残された聴覚情報と言語情報の2つで印象を判断するしかない。では、相手が見えない電話で、聴覚・言語を足して100％とするならば、それぞれ何％ずつくらいになるだろうか。

答えには諸説あるが、「聴覚86％、言語14％」と言われるケースが多いようだ。電話では、「話し方」が印象を作りだしていると言っても過言ではない。「それは残念だったね」という言葉を、甲高い声（自分ができる限りのトーンの高い声）で言ってみてほしい。相手をからかっているような、不真面目な印象を受けるだろう。逆に超低音で言うと、威嚇しているような印象になる。電話で「申し訳ございません」と言われたが、どことなく事務的と感じたり、開き直ったように聞こえるのは、この言い方に起因する。実際に、コールセンターを対象に話し方を指導すると、こう返ってくるケースがある。

「私はお客様に申し訳ございませんと言って、ちゃんと謝った」

これは、2つの情報が入り混じっている。「私はお客様に申し訳ございませんと言った」は正しい。しかし、「ちゃんと謝りました」は、言葉を受け取った側が〝謝ってもらった〟と感じなければ正しいとは言えない。いかに印象が悪いのか、その「申し訳ございません」を再現してみせ、考えさせるべきだ。

ただし、印象というものは個人の主観によるものが大きい。事実ベースで「言った／言わない」を指摘するのに比べ、指導を腹落ちさせるのは容易ではない。

声の表情は顔の表情と連動する

では、印象を決める声の表情を作りだすポイントは何だろうか。実は、電話では見えない、「0％」である視覚情報が重要になってくる。実際の研修では、これを実感してもらうために、ある無茶なお願いを受講生にすることがある。任意の人を指名し、笑顔の表情になってもらう。ニコニコと笑顔のままで、私に悪態をついてもらうように依頼する。「何、言ってんだ、この野郎、馬鹿野郎」と。そのうえで、「今の声、怒ったように聞こえましたか」と他の受講生に訊いてみると、ほぼ全員が「そうは聞こえなかった」という意見になる。通常、怒った時には怒った顔で、怒った声が出る。楽しい時には、笑顔の表情で、楽しさを感じられる声が出る。

声の表情は、顔の表情に連動する。しかし、電話応対の現場で顔の表情に言及されることはほとんどない。対面のサービス業であれば、「接客は笑顔が基本」と口を酸っぱくして言われるだろうが、同じサービス業のコールセンターでは、顔の表情について指導されることがない。そこで私が、コールセンターにコンサルティングに行った時、真っ先に見るのが応対者の座席である。そして、そこに鏡を置いているかどうかを確認する。その鏡に映る顔が、お客様に伝わっていることをコミュニケータに実感させているかどうかを見るのだ。

鏡に映った顔が疲れた表情であれば、疲れて面倒くさそうな声が出ているだろうし、無表情に近ければ、事務的で無機質に感じる声が発せられているはずだ。さらに言えば、お客様に見えないからといって、姿勢を崩している電話応対者を野放しにしている現場は、即刻注意をするべきである。足を組んで話している者、椅子にふんぞり返って応対している者、肘をついて応対している者を野放しにしていないだろうか。その姿勢も、音声を通じてお客様に伝わっていると思ったほうがよい。見えないからわからないのではなく、その態度は、失言や横柄な態度、乱雑なあいづち、音声表現としてお客様に必ず伝わる。

「声＝表情＝感情」――顔面フィードバック仮説

さて、顔の表情と声の表情との関連性を見てきたが、当然、顔の表情は、感情に連動している。「悲しいから泣くのではない、泣くから悲しくなるんだ」という言葉を聞いたことはないだろうか。私は、この言葉を初めて聞いた時、何のことだか意味がわからなかった。「泣くには泣く時の感情があって、その感情を伝えるために表情があるのではないか」と考えていた。しかし、近年になって米国の心理学者トムキンス（Tomkins）がそれとは正反対の論を展開している。それは、「感情は顔面筋と腺の活動の生得的な反応パターンの中枢へのフィードバックの結果として生じる」という理論だ。これを「顔面フィードバック仮説」と呼ぶ。例えば、ある刺激を受けた際に、それを脳が「喜び」と判断したら、顔の筋肉に「笑顔」を作る指令が渡される。この時、実際に作られた「笑顔」の顔の筋肉の情報が、脳にフィードバックされることによって、「楽しい」「うれしい」などの感情が起こるという。

顔面フィードバック仮説によれば、感情は表情に連動する。前述の通り、表情には声の表情が連動する。それならば、「声＝表情＝感情」という方程式が成り立つだろう。では、お客様の声の表情を真似ることができたならば、お客様と同じ表情ができるはずだ。そして、その表情から感情が生まれる。つまり、お客様の声の表情を再現することで、その時の心情や感情を疑似的に経験できるということだ。音声表現力は、この「声＝表情＝感情」の方程式を利用して磨く。さらに、お客様の心情を疑似体験することで、同時に心情察知力の強化にもつながるだろう。

事例　場面に合った声の表情

クレジットカード会社のコールセンターで、SVをしていた時のことである。クレジットカードの問い合わせ業務は、覚える業務範囲が広いため、通常は段階を踏んでトレーニングを行う。まず最初は、一番よくある解約受け付けの方法や利用可能額の案内業務などを習得する。そのうえで、3カ月ほどして慣れてきたら、盗難紛失についての業務を覚える。盗難紛失は聞きださなければならない項目が多い。いつ失くしたか、どこで失くしたか、最後に使った日付や金額など、実に15～20項目ほど確認しなければならない。そのため、ベテランでも聞き漏らしが発生する。そこで、新人にはまず一般業務で慣れてもらう段階を踏むわけである。

当時、40代半ばくらいの女性コミュニケータのケースだ。仮にAさんとしよう。入社からおよそ3カ月が経過したので、盗難紛失のスキル研修を行い、晴れて同案件の受け付けデビューとなった日だった。

もともと、Aさんは緊張しやすい性格で、デビューの時もガチガチになっていた。この時も、「盗難紛失の応対、上手くできるかなぁ。完璧に聞く自信がないなぁ……」と緊張の面持ちで業務に就いていた。電話が鳴った。「はい、○×カードサービスデスク、担当Aです」と、若干緊張しながらも、いつも通りに電話に出た。するとお客様は、かなり沈んだ声で「すみません、解約をしたいんですが……」と用件を切り出した。この時、彼女は、〃良かった、盗難紛失じゃなくて。解約！　私得意よ。今まで3カ月間、たっぷり経験してきて自信があるわ〟と思ったらしい。それが声に表れたのだろう。「解約でございますね。かしこまりました」と、とびきり感じの良い、満面の笑みが感じられる声でそう言った。すると、「僕が解約するのが、そんなにうれしいんですか？　何なんですかあなた！　気分が悪い。上司を出してください！」と言われた。私は、交代の最短記録じゃないかと思いながらも、応対を代わるしかなかった。

電話を代わり、よくよく話を聞いてみると、このお客様は、実は解約したくなかったのである。だが、この電話をかけてくる前に、カードの使いすぎが理由で奥さんと大喧嘩。話はこじれまくり、「私とカードとどっちが大事なの！」と言われ、不承不承、解約の連絡をしてきたのだった。そこで、さも解約をうれしいことのような言い方をして、最後の引き金を引いてしまったのがAさんだったわけだ。解約受け付けには解約受け付けに適した音声がある。感じの良い音声よりも、〝お客様と縁が切れることになってしまい、残念です〟というような、残念そうな音声表現が必要になるのだ。

逆に、「ありがとうございます」というお礼の言葉や、「それは良かったですね」というポジティブなあいづちを返すシーンがある。これらのあいづちに合致する声は、明るい笑顔の感じられる声だ。しかし、テクニカルサポートなどの技術系の仕事や、クレームが多い現場では、明るい声を出すことが苦手なコミュニケータが多いように見受けられる。応対時に顔が笑っていないのだ。それだけでクレームに発展することはないのだが、好印象を持っていただけるチャンスを潰してしまっているようで、実にもったいないと思うことがしばしばある。弾んだ、明るい声のあいづちは、お客様の感情を刺激し、「うれしい」「楽しい」などの良い感情を呼び起こすことができる。ぜひ、音声表現力豊かなあいづちができるように、トレーニングしてほしい。

音声表現力の習得

発した言葉通りの心配りや感情を、誤解されることなく相手に伝える力である音声表現力は、心情察知力と深い関係にある。習得するには、実際にどのように声を出しているかを知り、状況に応じた声の出し方をいろいろとトレーニングしていくことになる。その代表的な方法を示す。

①鏡を見る

まず、鏡を見ながら、表情の訓練をしよう。表情を確認しながら声を出す。「笑顔」「悲しみ」「驚き」などの表情からトレーニングしてみよう。「怒り」の表情は、最も表現しやすいが、実際のお客様対応では使わない感情だ。しかし、怒りの表情トレーニングも、お客様の怒りの声をキャッチしやすくするためには実施してもよい。それぞれの表情に適した言葉を発すると練習しやすい。

笑顔　「ありがとうございます」
　　　　「それは良かったです」

悲しみ　「それはお辛いですね」
　　　　「それは、お気の毒ですね」

驚き　「驚きました」
　　　　「びっくりですね」

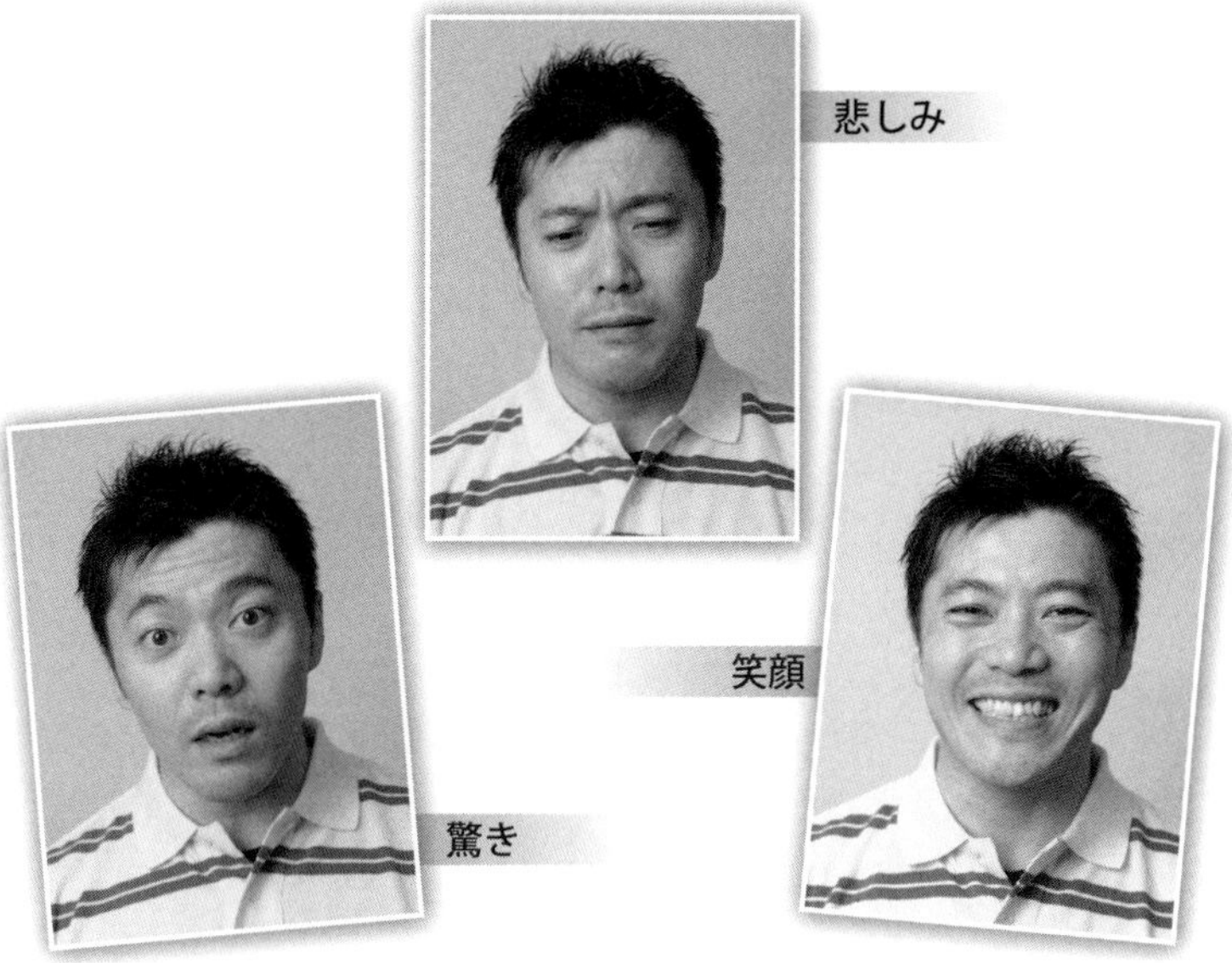

これらの言葉を発する時の表情を鏡で確認しながら、声を出してみる。その表情と声の表情を覚えていくのだ。写真に、「笑顔」「悲しみ」「驚き」の各表情サンプルを掲載した。この表情を参考にしながら、同じような表情になるよう、顔面の筋肉を鍛えよう。ひと通り表現できるようになってきたら、今度は、どの表情でも通用する言葉に、「笑顔」「悲しみ」「驚き」の感情を乗せて発してみる。例えば、「かしこまりました」「左様でございますか」「どのようなことでございますか」などを使ってみよう。言葉だけで感情が判断できない類のものなので、より音声表現力が問われる。

②映画や先輩の真似をする

声の表情は、他人の真似をすることでトレーニングできる。上司や先輩がお客様に応対している音声から、音声表現力が長けていると思う部分を抜き出して、そこだけ集中的に真似してみる。あるいは、映画やドラマなどで、真似しやすいシーンを集めてくるのもよい。お勧めは、お葬式のシーン。悲しみの感情を堪えて、お悔やみやお礼を言うシーンは、真似がしやすく、お客様応対の時でも「残念である」という音声表現は、使用するシーンが多い。真似をする際には、「①鏡を見る」のように、鏡を前に置き、その声の表情を発する時の顔がどのような表情なのかを、体感し、身体に覚え込ませるのが有効だ。

③会話の速度をコントロールする

人が聞き取りやすいスピードは、1分間におよそ300文字と言われている。ちなみに、テレビのアナウンサーの平均は1分間で350文字程度だ。早口で知られる古舘伊知郎さんだと、400文字を超えるらしい。逆に、話がゆっくりだと感じられる人は、1分間に250文字程度だという。たった50文字程度の違いだが、その50文字が大きく印象を変える。まずは、自分の基本スピードがどれくらいかを把握することから始める。**資料4・2「音**

資料4・2 音声表現トレーニングシート・スピードコントロール編

ABC気象予報部発表の、10月23日午後6時 30分現在の東京地方の気象情報をお知らせ	40
します。現在、東京地方に気象に関する注意報 警報はでていません。午後5時発表の予報	80
です。東京地方の今夜は北の風曇りでしょう。 沿岸の海域の波の高さは50センチでしょう。	122
明日は北の風曇りですが、夕方から雨になるで しょう。あさっては北の風やや強く、曇り一時	164
雨ですが、のち晴れるでしょう。波の高さは50 センチのち1メートルでしょう。東京地方の1ミ	208
リ以上の雨の降る確率は、今日午後6時から明 日午前0時までは10%、以後6時間ごとに、	250
明日午前6時までは20%、正午までは30%、 午後6時までは70%です。	285
東京の明日朝の最低気温は13度、	300
日中の最高気温は17度の見込みです。午後6 時現在、東京では北北西の風6メートル、気	341
温は19度7分、湿度は41%でした。東京港に おける満潮は、今日の午後7時1分と明日の	383
午前9時26分、干潮は明日の午前2時12分と 午後2時41分です。	415
続いて概況です。引き続き前線は本州の南海 上に停滞するでしょう。次のお知らせは午後9	456
時30分頃の予定です。以上、東京地方の気象 情報をお知らせしました。なお、向こう一週間	498
の天気予報については、東京03－5321－8 180番、	525
03－5321－8180番でお知らせしております。 おかけ間違いのないよう、ご利用ください。	569

声表現トレーニングシート・スピードコントロール編」に、気象予報に関する標準的なナレーションのシナリオと、各行に「読んだ文字数の合計」を記した。どこまで読めば、おおよそ何文字かがわかる。最初は、できるだけ普段の会話スピードを意識しながら、1分間計って読んでみてほしい。1分が終わった時点で、どれくらいの文字数を読めたのかを確認する。その文字数が、現在の標準スピードになる。これは何文字でも構わない。ここでは、自分の標準スピードを把握することが重要だ。

次に、1分間でできるだけ早口で話すトレーニングをしてみよう。別名パワートークと言い、短い時間で多くの情報を伝える技術を手に入れる手法だ。現在は少なくなってきているが、「公衆電話からかけて、あと10円しかない」と言われた時に、残された時間でどれだけ多くの情報を話せるか、という状況などに対応するためでもある。お客様によっては、時間が限られている場合もあるだろう。1分間に450文字くらい話せるようになれれば、あなたも古舘伊知郎さんクラスになれるかも知れない。

今度は、1分間に300~350文字、もしくは250文字を意識して読んでみよう。一般的に聞き取りやすいスピードと、ゆっくりなスピードを意識的にコントロールできるようにするためだ。あくまで、一般的に聞き取りやすい文字数であり、すべてのお客様がそうであるとは限らない。基本は、お客様に合わせた応対をしたほうがよい。お客様の状況、状態に合わせて、スピードコントロールができるようになると、お客様から会話を引き出すことが容易になる。

トレーニングの最中、同じセリフだけで飽きてきたなら、別のセリフを使っても構わない。また、同じセリフを使う場合でも、少し工夫を凝らすとバリエーションができて、取り組んでもらいやすくなる。

・自分でできる限りの、かっこいい声で読んでみる
・誰かのモノマネをして読んでみる

こうしたやり方を私はよく使う。他にも、暗い声やディズニー調なども考えられるだろう。研修では、「竹中直人」や「博多華丸」などのモノマネで、実演してみることもある。1分間に○○文字、かっこいい声、モノマネ――これらの組み合わせで、かなりのバリエーションができると思うので、試してもらいたい。ここは、いろいろ工夫のしどころがあるだろう。

④あいづちで感情表現

短いあいづちのフレーズで、感情を表現するトレーニング方法だ。あいづちはひと言程度で終わる場合が多い。その短いフレーズの中で表現できるよう訓練することで、音声表現力を鍛えるのだ。まず、教材の準備をしよう。**資料4・3・❶「あいづちで音声表現」**のシナ

リオは、ある化粧品会社の応対シーンだ。空欄になっている応対者のセリフを具体的に考えてほしい。セリフを記入する際のルールは3つ。まずは、「はい」は使わない。次に、全部違うあいづちを打つ。例えば「ありがとうございます」は1箇所にしか使えない。最後は、電話での注文は受け付けしていない。つまり最後のセリフは、お断りを意味するあいづちが入ればOKだ。ネットに誘導とか、他の注文方法などを案内する誘導は行わなくてもよい。この条件であいづちを書き出そう。書き込みが終わったら、題材のでき上がりだ。これを使って、二人一組でロールプレイングを行う。

まずは、そのまま音声表現を意識して読む。記入した言葉が、すんなりと音声表現できるかどうか、一度読んでみる。そうすることで、そのあいづちの時の音声表現が適切かどうかを確認する。**資料4・3・❷「あいづち挿入例」**（124頁）は応対者のセリフの一例だ。もちろん、これ以外にも適したあいづちはあるだろう。他の例については、第2章に掲載した資料2・1「シーン別あいづち一覧」を参考にしてほしい。

お客様が喜んでいるセリフ、「使ってみたら、肌へのノリが良くてねぇ」に対するあいづちには、明るく弾んで「そうおっしゃっていただけると、私どももうれしいです」という気持ちが込められていると良い。また、最後のお断りのあいづちの時には、残念そうな申し訳なさそうな声が出ているかどうかも確認してほしい。顔の表情も同時にチェックしよう。眉毛が

資料4・3・❶ あいづちで音声表現

応対者の「　　」に入れるあいづちを考えてください

ルール1：「はい」は使わない
ルール2：全部違うあいづちにする
　例えば「ありがとうございます」は1箇所にしか使えません
ルール3：電話での注文は受け付けできません

お客様　「すみません、ちょっとお伺いしたいのですが……」

応対者　「　　　　」

お客様　「先日、駅で、おたくの化粧品サンプルをもらったのよ」

応対者　「　　　　」

お客様　「使ってみたら、肌へのノリが良くてねぇ」

応対者　「　　　　」

お客様　「で、注文したいのよね。どうすればいいの？」

応対者　「　　　　」

お客様　「この電話で注文できる？」

応対者　「　　　　」

資料4・3・❷ あいづち挿入例

応対者の「　　」に入れるあいづちを考えてください

ルール1：「はい」は使わない
ルール2：全部違うあいづちにする
例えば「ありがとうございます」は1箇所にしか使えません
ルール3：電話での注文は受け付けできません

お客様　「すみません、ちょっとお伺いしたいのですが……」

応対者　「いかがなさいましたか？」

お客様　「先日、駅で、おたくの化粧品サンプルをもらったのよ」

応対者　「左様でございましたか」

お客様　「使ってみたら、肌へのノリが良くてねぇ」

応対者　「それは、よろしゅうございました」

お客様　「で、注文したいのよね。どうすればいいの？」

応対者　「ありがとうございます」

お客様　「この電話で注文できる？」

応対者　「大変申し訳ございません」

八の字になり、口角が下がるような表情ができていると、声の表情にも反映されるだろう。

次は、難易度を上げ、あいづちを全部「はい」にして、先ほど考えたあいづちが持っている意味や感情を声で表現する。

「はい」という短いあいづちでも、言い方によって聞こえ方がまったく異なってくる。読んで確認した音声表現が、「はい」だけでもできるようにトレーニングしよう。その際も、やはり表情を確認してほしい。うれしそうな表情で「はい」、申し訳なさそうな表情で「はい」と言えているかどうかだ。この演習を実施すると、「難しい～」と悲鳴があがる。なぜ難しいのか、答えは簡単だ。「は」と「い」のたった2文字でしかないため、発声するとすぐに終わってしまう。短すぎるから難易度が高いのだ。

ここで少し難易度を下げる。あいづちを5文字くらいの好きな食べ物にしてもらい、先ほど考えたあいづちが持っている感情を声で表現してみよう。つまり、あいづちをまったく意味のない言葉にするのだ。先ほどは、意味はあるが発声時間が短い「はい」という単語だった。今度は、意味はないが文字が増えたことによって、発声の時間が長い。そのため、先ほどの「はい」だけの時よりは、ハードルは低くなるはずだ。思い浮かばなければ、こちらから提示してもよい。私が研修でよく使うのが、「モロヘイヤ」や「チョコレート」だ。ただし、最初は笑い声に包まれることになるだろう。この奇妙なトレーニングにすぐに慣れることは難しいかもしれない。しかし、何度か繰り返すうちに、その無意味な言葉にも感情が乗り、意味が伝わってくることが実感できるだろう。恥ずかしがらずに試してみてほしい。

実は、このトレーニングは声優のトレーニングでもある。ポケットモンスターというアニメをご存知だろうか。ポケモンと呼ばれるモンスターを操って、敵と戦うアニメだ。その中で、ポケモンは人間と意思疎通を図るのだが、人間の言葉はしゃべれない。「ピカチュ～」「ピカピカ」という、そのモンスター特有の言葉しか話せないのだ。その制約の中で、感情表現をしなければならない。悲しそうな「ピカチュ～」もあれば、すごく喜んだ声で「ピカピカ」と言ったりする。言葉と裏腹な感情を乗せるよりも、言葉を無意味にしたほうが、その感情を素直に乗せるトレーニングになりやすい。ただ、恥ずかしがっている段階では効果は生まれにくい。何度も実践して、慣れてくるとトレーニングの効果が出てくるだろう。

最後に、すべてのあいづちを、再度「はい」に戻し、自分ができる最高に感じの良い声で読んでほしい。すべての「はい」を同じトーン、同じ明るさにするわけだ。この演習をした後、お客様役に感想を聞いてみてほしい。よくある感想は、〝こちらの話をちゃんと聞いてくれているか不安になった〟とか、〝バカにされているような感じがした〟というものだ。感じの良いあいづちも、適切な場面でなければ、逆効果になってしまうということだ。声優並みの音声表現を身に付ける必要はないが、メリハリがつけられるような音声表現力を獲得してほしい。

COLUMN

音声表現力とボイストレーニングの違い

一般的なボイストレーニングは、声の通りを良くし、美しい声を出すことを目的としていることが多い。そのために、姿勢の矯正や、喉や舌の使い方の訓練、発音の訓練などを行う。また、声は身体から発せられるという考えから、発声器としての肉体を鍛えるための呼吸法や腹筋トレーニングなども含まれる。声が限りなく小さい場合には、声を出すというトレーニングは有効である。

一方、コールセンターの電話コミュニケーション研修や入社時の基礎研修では、語尾が伸びていることや、口癖があることなどを指摘されることが多い。しかし、よく考えてみてほしい。語尾が多少伸びていることを修正して、CS（顧客満足）にどれくらい影響するだろうか。もちろん、クセの程度にもよる。聞き苦しく、不愉快なレベルであれば修正することの優先度は高い。だが、多少語尾が伸びていたり、「あの～」という口癖があったからと言って、そこまで気にするお客様は多くはないだろう。失礼でないかどうか、その部分がクリアされていれば、問い合わせの目的である疑問の解決（論理的解決）、あるいは声の印象、つまり事務的・冷たい・焦っているなど、話し方に意識は集中する。

応対者はナレーターではない

ナレーター、アナウンサーは職業であり、その職種に必要な要件として、きれいに、感じよく話す、滑舌よく話す必要がある。究極的には通る声であったり、「きゃりーぱみゅぱみゅ」が噛まずにスムーズに言える技量だったりする。しかし、お客様応対に、そこまでの能力は必要だろうか。ある程度まででよいと私は考えている。そもそもナレーターやアナウンサーが相手にしているのは、多数の人であり、1対多であることが前提だ。その場合、多に伝えるべき内容をいかにわかりやすく話すか、多数の聴者に何を言ったか伝わるか、というスキルが必要である。これに対して、お客様応対は、1対1の構図になる。この構図で求められるのは、お客様に合わせて臨機応変に説明するスキルであり、それはきくスキルの8つの要素によって実践できる。そして、お客様の置かれている状況に適した声――お客様を気遣う声、解約に対して残念そうな声を出すなど、声に感情を乗せる「音声表現力」は、アクター（演技者）の要素も求められる。

COLUMN

音声表現の可視化

今後、音声表現力を考えるにあたって、その表現度合いを可視化するシステムができないかと思っている。実際に音声認識と音声分析の研究開発は相当進んでおり、トレーニング用に特化したシステムであれば、開発できるのではないかと思う。本書の執筆にあたり、音声分析、感情分析のシステムを提供する企業に、数社取材をした結果の感想だ。

音声は、会話内容(テキストデータ)だけではなく、発話比率、音圧、無音時間、間、被りの検出、スピードなど、分析できる項目が数多くある。それ故、ある一語に対する音声表現で、サンプル数が一定数以上あれば、システムを開発することは可能だという。例えば、「申し訳ございません」というフレーズがきちんと申し訳なさそうに聞こえるかどうかを判断できるシステムを作るとする。まず、本当に申し訳ないと聞こえる音声表現を人が選び、その録音データを収集する。収集した録音データから、申し訳なく聞こえる音声を分析するのだ。スピードや音圧、トーンなどを解析していくと、申し訳なく聞こえる「申し訳ございません」がすべて数値化されることになる。今度は、トレーニング対象者の「申し訳ございません」というフレーズを音声分析にかけ、数値化されたデータと先ほどのサンプルデータの数値とのかい離を可視化していく。差が大きければ、その差を埋めるべく、何度も繰り返し発声して差を埋めるようなトレーニングができるはずだ。何より、可視化することにより、トレーニングが容易になる。人任せにしていた判断が、数値化されてアウトプットされることにより、差が埋まっていくことが励みになるだろう。正確な判断がアウトプットされることで、今まで人の感覚でしかなかった指導がわかりやすくなることは、お客様応対の現場の改革になるだろう。ただし、データを収集するところで人の判断が入る。この判断する人物(複数で行うことが望ましい)をしっかり選定しなければならない。どこもやらないのであれば、どこかと協力して、私がやろうかなと思っている。お客様応対の現場に新風を巻き起こせたら、世間のお役に立てるだろうか。

第5章

質問力の実践

「相手の曖昧なニーズや潜在的な意識を、さまざまな問いかけによって明確化する力」が質問力である。質問力の有無で、会話の方向性は大きく左右される。会話の目的を達成できるかどうかにも関わってくる重要な要素だ。

皆さんは、家電量販店で買い物したことがあるだろうか。最近では、テレビひとつとっても、さまざまな機種が次々と発売され、陳列棚に数十種類並んでいることも珍しくない。選ぶときは、値段や機能を比較するだけでもひと苦労だ。結果、店員のスキルは大きな要素となるが、購入のために何度か訪れるうち、〝売れる店員〟と、〝売れない店員〟の違いに気づくはずだ。

事例　売れる店員、売れない店員

テレビの購入で来店したと考えよう。まず売れない店員はこんな接客をしている。

お客様「すみません、このテレビはどんなのですか？」

店員「はい。こちらは、A社製32インチテレビの中堅機種で、ある程度の機能は備えています。視聴と同時に裏番組を2つまで録画できます。内蔵ハードディスクの容量は１ＴＢ（テラバイト)しかありませんが、別売りハードディスクを接続することもできますので、拡張性は抜群です。これだけ揃っていて、このお値段は他にはないですね。となりのB社製は、もう少し機能を絞った廉価版でして、テレビを見るだけであれば、こちらのものでも十分にご利用できます」

お客様「……あっ、わかりました。検討します〜」

こうした接客をされた場合、はたして買う気になるだろうか。もちろん、自分のニーズにピンポイントにマッチした場合、購入に至ることもあるだろう。しかし、確率は低いはずだ。

一方、売れる店員の接客はこのように展開する。

お客様「すみません、このテレビはどんなのですか?」

店員「はい。こちらは、A社製32インチテレビの中堅機種で、ある程度の機能は備えている機種になります。テレビをお探しですか」

お客様「はい。引っ越しを機にテレビを買おうかと思って……」

店員「そうでしたか。買い増しですか」

お客様「いえ、一応今まで使っていたのはあるんですけど、サイズが小さいので、ちょっと大きいものをと……」
店員「今までのテレビは何インチですか」
お客様「26インチなんですよ」
店員「じゃあ、この32インチくらいの大きさがあれば、良い感じですか」
お客様「そうですねぇ。最低でもこのくらいは欲しいと思っています」
店員「わかりました。念のためですが、スペースは確保できているということでよろしいですか」
お客様「と言いますと」
店員「実は、購入後、大きくて想定していた設置場所に入らないというお客様が結構いらっしゃいます。そうすると、お部屋の模様替えであったり、いろいろご不便をおかけしてしまいますので……」
お客様「それは大丈夫です。引っ越しして結構広めにスペースは作ってあるので」
店員「左様でございましたか、失礼しました。ご予算はおいくらくらいでしょう」
お客様「5万円くらいかなぁ」
店員「それでしたら、かなり良いものがお買い求めできますよ。置かれる場所はリビングですか」

お客様「そうですね、リビングです」

店員「じゃあ、皆さんで見られる感じですね。ご家族何人の方がご覧になられますか」

お客様「えっと、私と、主人と、保育園の子どもが2人。あと、母の5人ですね」

店員「そうすると、同じ時間帯に見たい番組が複数放送されていることって、結構ありませんか」

お客様「そうなんですよ〜。主人は野球が好きで、子どもたちのアニメの時間と被ったりしますね。うちは、主人がチャンネル権を持っていますので、子どもたちのアニメは録画して見ることが多いんです。で、その時に私の見たいドラマが重なってしまうこともあるんですよ。まぁ、子ども優先にとは思ってはいるんですけど、私もできればリアルタイムで見たいですしねぇ……」

店員「そうでしたか。かしこまりました。では、お勧めのテレビはまずこちらですね。こちらはB社製32インチで、お値段は3万8000円。アンテナチューナーが2本、内蔵ハードディスクの容量が1TBあるので、裏番組を録画することが可能です。で、もう1つが、先ほどのものよりちょっとお高くなってしまうんですが、C社製34インチで、先ほどのものより少し大きめ、お値段4万9000円。消費税を入れると、若干ご予算オーバーしてしまうんですが、内蔵ハードディスクの容量が2TBありますので、地上波ですと約200時間、

BS放送で約150時間の録画が可能です。また、アンテナチューナーは3本ありますので、裏番組のドラマとアニメを録画しながら、野球を見ていただくということが可能です」

お客様「そうですか……どっちがいいかなぁ」

こんな感じになる。どちらのテレビが売れるかは、お客様の判断によるが、いずれにしても、既にどちらかのテレビを購入することが前提で、「買わない」「(その場で決定せずに)検討する」という選択肢はほぼなくなってしまっている。

この2人の店員の明暗を分けているのが「質問力」だ。売れない店員は、聞かれたことに誠実に答えている。いや、聞かれていないことも、商品アピールとして紹介している。しかし、これではただの売り込みだ。その説明が、お客様が本当に求めているものなのかどうかはわからない。一方、売れる店員との会話は、お客様から聞かれたことに対して、まず概要を答えたうえで、お客様にいろいろと質問をしている。利用シーンを聞き出しているわけだ。このやり取りにより、お客様はより具体的に、テレビの利用シーンをイメージすることになる。そして店員は、お客様の利用イメージから、どのテレビがお客様のニーズに合うのか、なぜ合うのかを具体的に説明することができる。

傾聴力は質問力、「意識」と「スキル」を養う

傾聴という言葉を聞いたことがあるだろう。相手の話をよく聞きましょう、と同義として使われている。しかし、「きく」という行為は、受動ではなく能動である。傾聴とは、単にお客様が話す内容を聞くだけでなく、リアクションを返しながら「きく」ことによって、より高度な問題を解決したり、お客様ですら気づいていない潜在ニーズを掘り起こすことができるのだ。

しかし、「傾聴」する方法を教えてもらった方はどれだけいるだろうか。私が携わる研修でも、受講生によく尋ねてみるが、ほとんど手が挙がらない。挙がったとしても1～2人のことが多い。それほどまでに、「傾聴」という言葉のみが先行し、中身が伴っていないことに憂いを感じている。「よく聞いてください」と言われて、「はい、わかりました！」で、傾聴ができるようになるなら苦労はしないのである。

傾聴するためには、「意識の問題」と「スキルの問題」に分解して考える必要がある。お客様の話を引き出そうとする意識と、そのための質問構成を考えるスキルだ。いくら「傾聴をしてください」と指導しても、指導された側にそもそも聞く気がなかったら、まったく意味

がない。逆も然りで、積極的に聞く気があったとしても、ある程度のスキルを持っていなければ、話は進展しないし弾まない。傾聴には、「意識」と「スキル」の両輪が必要である。

意識：お客様に興味を持つと、出てくる疑問の数々

まず、お客様の話を引き出そうと意識するとは、どういうことか。端的に言えば、「目の前、あるいは電話の向こうのお客様は、どんな人なのか」に興味を抱くことだ。すると、さまざまな疑問が出てくるはずだ。例えば、先ほどのテレビの販売員の例でも、まだまだ聞きたいことは山ほどあるはずだ。テレビを置くのはリビングでも、ソファで見るのか、コタツで見るのか。視聴時間のピークはいつか。番組視聴という娯楽はどれくらいの重要度があるのか。録画機能の重要性はどの程度か。どれくらい録画容量があればよいのか。部屋の基調色は何色か、テレビの色は黒で問題ないのか……。このように、いろいろな疑問が湧いてくる。そして、これらの疑問の答えがわかっていれば、お客様の好みに合うテレビを案内することは

難しくない。

当然、答えはお客様しか持っていない。疑問を疑問のまま残して進めるのではなく、お客様に質問としてぶつけるのだ。もちろん、なかにはあまり本題に関係のない答えが出てくることもあるかもしれない。それを無駄といって切り捨てることもできる。しかし、本題に関係ない答えでも、お客様の好みや志向性を把握することにつながると考えてほしい。きっと、その情報は、お客様により良いものを提案する材料になるだろうし、なにより自分のことに興味を持ってくれる人には心理的距離が近くなるという効果もあるのだ。

なかには販売する側が予想もしない答えが返ってくる可能性もある。例えば、「テレビにアンテナはつながないんです。ＤＶＤとか、映像コンテンツを見るだけで、リアルタイムの放送は見ません」などだ。そうすると、アンテナや録画の機能説明よりも、画質であったり、音質であったり、別の切り口での質問が必要になってくる。

基本はお客様に興味を持つことだ。それが、質問が生まれてくる源泉となる。興味を持つためには、応対者が意識することも重要だが、お客様の「質問の背景」や「本当の問題点は何なのか」、「このお客様はどうアプローチをしたら喜んでもらえるのか」ということを、常に考えることができるかどうかにかかっている。もっと突き詰めてシンプルに言えば、「自分は、どのようにお客様の役に立てるのか」を考えながら、質問するということだ。抽象的な話かもしれないが、「お客様のお役に立つ」というプロ意識を、応対者に持ってもらいたい。

聞くという心理状態の３段階

応対者の質問によって、お客様の心理状態は変化する。大まかに、聞いていない第一段階、聞き流している第二段階、聞きつつ考えている第三段階、に分かれる。

第一段階「聞いていない」

質問に対して、「はい」「そうですか」「なるほど」などのあいづちは打っているが、別の物事に意識が向いている状態。この状態では、耳に入る話を言葉として理解しておらず、単に音声として聞いている。そのため、どんなに熱心に説明したとしても、その内容はまったく記憶に残らない。学校の授業など、１対ｎの状況で起こりやすい現象だ。授業中に「今日の晩御飯なんだろうな〜」とか、「いい天気だなぁ」とか考えていたら、先生から突然指名されて「えっ、今何て言いましたっけ？」という経験がある人もいるだろう。これと同じ状態だ。お客様応対の場では、後から「言った／言わない」というトラブルに一番陥りやすい。

第二段階「聞き流している」

〝とりあえず〟聞いている状態だ。いきなり話を中断して「今、言ったことを覚えているか」と尋ねられたら、1つか2つくらいは答えられるかもしれない。しかし、この段階においても、聞いたことを理解しようとする意識はない。話が終わると同時に、内容に関する記憶は消える。問いかけには反応するが、肝心の話の内容への興味はまったくない。そのため、この段階でも「言った／言わない」のトラブルに発展する可能性がある。

第三段階「聞きつつ考える」

こちらが言ったことを理解し、考えている状態だ。この段階では、話の内容をきちんと理解している、もしくは理解しようとしている。どんな内容であるかを判断し、他の物事と比較し、原因を分析し、結果を推測し、時には何らかの決断をしようとする。ちなみに、2人以上が全員第三段階の心理状態で会話することを意見交換と呼ぶ。この状態に達していない会話は、おしゃべりをしているに過ぎない。

思考には、それなりのエネルギーが必要になる。自分自身のことをつらつらと考えるだけでもかなりの集中力が必要になる。ましてや、他人が投げかけた質問について思考する場合は、より多くのエネルギーを要する。興味を持たない話題についてお客様が考えてくれることはまずなく、聞き流すことになる。

お客様応対という仕事で考えてみると、必ず説明しなければならないことがあるはずだ。例えば、購入の決まったお客様への補償内容の説明や契約時の注意事項、トラブルの対処などだ。しかし、購入が決まったお客様は、購入という目的が達成されているため、その後の説明を聞いていないことがよくある。他にもさまざまなケースがあるが、「お客様に聞く気がないためコミュニケーションが成り立たないケース」は、お客様応対の経験者であれば、誰でも思いあたるのではないだろうか。これは、お客様が会話、とくに説明に集中していない、つまり第一段階の「聞いていない」、または第二段階の「聞き流している」状態であることが原因だ。第三段階の「聞きつつ考える」状態を作り出すことができれば、お客様の意識は会話に集中する。つまり、お客様が応対者の説明を意識して「きく」という心理状態になる。

スキル：思考を刺激するマジック・クエスチョン

では、お客様に「聞きつつ考える」心理状態になってもらうためには、どうすればよいか。そのために必要なスキルが、「質問」だ。どれほど理路整然と明確に、かつ適切に説明し、「聞いてください」と伝えたとしても、それだけでは〝お客様の頭〟は働いてくれない。お客様に何かを売りたい時には、お客様が自分の頭でセールスポイントを1つひとつ検討する状態を目指したい。注意事項を聞いてもらうためには、その注意事項が「自分にとってどれだけ意味があるものなのか」という重要性を理解し記憶する状態にまで持っていきたい。こちらの考えをお客様の頭に植え付けるための質問をするのだ。質問に答えるためには、受け身から能動的な姿勢になる必要がある。聞き流すのではなく、頭を働かせて思考しなくてはならない状態を作る。質問をきっかけに、こちらが言ったことについてお客様が頭を働かせ、反応を見せてくれるようになる。

この、思考を刺激するカギとなる質問を、「ＭＱ（マジック・クエスチョン）」と名付けた。ＭＱは、投げかけると、お客様のほうから自らのことを詳しく話そうとするため、お客様の発話量が多くなる。例えば、前出の家電量販店店員では、「同じ時間帯に見たい番組が複数放送されていることって、結構ありませんか」という質問をしている。その状況に心当たりのあったお客様は、自分の使用シーンを切々と語りだしている。詳細は後述するが、これは「代弁する」タイプのＭＱだ。この他、複数タイプがあるＭＱを発見し、引き出しを増やすことが、質問力を強化するためのポイントとなる。クレームでもない限り、お客様が心情や真意を積極的に吐露することはほとんどない。それを知り、こちらの話も聞いてもらえるようになるには、ＭＱが必要だ。

事例　マジック・クエスチョンで伝え漏れなし

私がコンサルティングをした、ある事務機器通販のコールセンターでは、このＭＱを上手く利用し、お客様に聞いてもらえる状態を作り出している。このセンターの主力商品は事務機器の消耗品、リサイクルのトナーカートリッジだ。ネット通販や家電量販店でも購入することが可能で、価格競争に陥りやすい商材だ。ストック可能な消耗品のため、価格が安い時に多めに購入する会社も少なくない。

このセンターでは、新規のお客様が購入に至った場合、必ず説明しなければならない保証内容と注意点がある。具体的には、「もし、製品に不良があった場合は、購入後一年以内に使用開始していれば良品と無料交換すること。ただし、不良があると感じた時点で、メーカーではなく販売店に必ず電話をしてもらうこと」だ。消耗品をソフトと考えると、事務機器本体であるハードは、メーカーが点検する。その際、正規品ではないリサイクルトナーは、不良の原因に指定されやすく、本体側に何も異常がないのに出張費を請求されたりする。そのため、まず販売店に連絡してもらうことが重要なのだ。もちろん、この説明は、センター開設当初より、お客様に必ず伝える事項として徹底している。しかし、後から「聞いてない」と言うお客様は結構多かった。つまり、お客様が「聞いていない」「聞き流している」状態で、説明をしていたわけだ。もちろん、通話録音を確認したら、説明の前置きはしているのだが、お客様には伝わっていない。お客様にも落ち度はあるかもしれないが、それがＣＳ（顧客満足）を下げる原因となっていたため、企業にとっては頭の痛い悩みの種であった。

さて、この状況を変えるべく、担当者に無茶振りをしてみた。保証内容の説明について、「お客様から保証内容を聞かれるまで、説明しないでください。しかし、必ず説明をすること」という条件をつけた。担当者は必死に考えた。最初から上手くいくはずもなく、何度も試行錯誤を繰り返し、お客様の思考を誘導するためのＭＱを発見した。

応対者「この度は、弊社でのご購入ありがとうございます。ところでお客様、今までご購入されていたところで、何かトラブルでもございましたか？」

このように質問すると、以前にトラブルを経験していれば、このような流れになる。

お客様「そうそう、実は、つい先日買ったものが不良品でね、問い合わせの電話をしたんだが、購入から6カ月経過していたので、交換は無理だったみたいなんだよ……」

応対者「左様でございましたか、それは大変でしたね」

お客様「御社は、そういう時、どうなるの」

波線の箇所がＭＱだ。今まで購入していたところでの経験を思い出しながら、この時点でお客様の興味関心は、「トラブル時の対応」になっている。興味を持って説明を「聞きつつ考える」状態ができたわけだ。もし、過去にトラブルがなかったとしても、同様の状態に誘導できる。

お客様「いや、とくにトラブルはないなぁ、値段が安かったからね」

応対者「左様でございましたか、それはよろしかったですね。実は、弊社に乗り換えていただいたお客様から、他社では不具合が起きた時に製品保証が十分でなく、泣き寝入りするケースをお伺いすることが多かったものですから。例えば……（こんなことや、あんなこと）」

お客様「えっ、そうなの。御社は大丈夫なんですか」
応対者「はい、大丈夫です、ご安心ください。どんな保証内容か、ご説明させていただきます」

という流れになる。会話がどちらに転んでも、お客様の思考を刺激し、聞いてもらえる状態に誘導することができる。お客様の思考を刺激する質問がＭＱだ。

マジック・クエスチョンはツール化が望ましい

このＭＱの引き出しを、どれだけたくさん持つかということが、コールセンター運営の成否を分ける。ところが、ＭＱをスクリプトで表現することはかなり難しい。なぜなら、１人ひとりのお客様の反応が事前に予測した通りになることはほとんどないからだ。質問に対するお客様の反応はさまざまで、きれいにパターン化できない。しかし、個人スキルの向上を待つのは、時間がかかりすぎる。ＭＱを応対者が現場で使えるようにするには、少々強引に引き出しを増やしてしまうのも1つの方法だ。よく使うMQを取りまとめて、共有ツール化してしまうのだ。**資料5・1「MQ一覧表」**は、あるセンターのMQをエクセルシートにまとめたものである。それぞれのMQは、使える場面と、目的・用途別のカテゴリに分類してある。ソート（並べ替え）機能を利用すれば、応対の展開に応じたMQを検索し、活用することが可能だ。MQを記憶する手間もない。

マジック・クエスチョンの構成

お客様との応対を振り返ると、実にいろいろな質問をしていると思う。例えば、住所・氏名などを確認するための質問や、確認のための復唱質問などだが、これらはMQとは言えない。応対者側が情報を収集することが目的であり、それにより、お客様の思考が刺激されるわけではない。MQは、話の流れを変えたり、お客様の意識を会話に集中してもらったりすることを目的とする質問だ。

資料5・1 MQ一覧表（1/2）

No.	カテゴリ1	カテゴリ2	MQ
1	出だしで使えるフレーズ	商品	使い終わった●●は、どうされてますか？
2	出だしで使えるフレーズ	商品	さしつかえなければお聞きしたいのですが、●●の保管方法はどうされてますか？
3	出だしで使えるフレーズ	商品	弊社、●●の保証についてご存知ですか？
4	出だしで使えるフレーズ	商品	初めてご利用いただきましたが使い勝手はいかがですか？
5	出だしで使えるフレーズ	商品	以前、●●をご購入いただいてますが、今も使われてますか？
6	出だしで使えるフレーズ	商品	お客様ご利用機種には、●●の他に△△という消耗品がございます、交換されたことはありますか？
7	出だしで使えるフレーズ	商品	お客様の購入間隔ですと、予備●●を常備していらっしゃるのでしょうか？
8	出だしで使えるフレーズ	商品	この機種（プリンタとか、コピー機とか）を使って、どのくらい経つんですか？
9	出だしで使えるフレーズ	商品	だいたい月間で、どれくらい使われていますか？
10	出だしで使えるフレーズ	商品	一度に多くご購入いただいておりますが、使用済みと未使用はどうやって見分けていらっしゃいますか？
11	出だしで使えるフレーズ	ニーズ聴取	いつもよくご利用いただき感謝しているのですが、弊社のサービス等で、ご不便な点があれば教えていただけませんか？
12	出だしで使えるフレーズ	ニーズ聴取	お客様が個人的に「業務中に発生したら一番困ること」は何ですか？　例えば、不具合とか？
13	出だしで使えるフレーズ	その他	オフィス関係で、困ってることを教えてください！
14	出だしで使えるフレーズ	その他	オフィス関係で、普段、不便を感じてることは何ですか？
15	出だしで使えるフレーズ	その他	先日、弊社よりご案内している￥300お値引のギフトコードを記載した、ご登録情報確認のFAXはご確認いただいてますか？
16	他社で購入中	ニーズ聴取	xx様にとって、安さ以外の購入のポイントは何ですか？

出だしで使えるフレーズ　他社で購入中　ニーズ聴取　保守
他社比較　価格　商品　その他

次頁に続く

資料5・1 MQ一覧表(2/2)

No.	カテゴリ1	カテゴリ2	MQ
17	他社で購入中	ニーズ聴取	価格以外の、購入の決め手は何ですか?
18	他社で購入中	ニーズ聴取	価格以外で、不安な点はありませんか?
19	他社で購入中	ニーズ聴取	他社様にできて、弊社に不足していることは?
20	他社で購入中	ニーズ聴取	以前、弊社で購入された理由は何ですか?
21	他社で購入中	ニーズ聴取	弊社に対して、どんな懸念がありますか?
22	他社で購入中	ニーズ聴取	安いとおっしゃっていただけましたが、現時点で、心配されてることは何ですか?
23	他社で購入中	ニーズ聴取	他社様よりお安い価格で提示させていただいた場合、弊社とのお付き合いは可能ですか?
24	他社で購入中	ニーズ聴取	お安いとおっしゃっていただけましたが、今後、弊社とのお付き合いを前向きに検討いただくことは可能でしょうか?
25	他社で購入中	ニーズ聴取	購入先を他社に変更されたとのことですが、やっぱり価格面が気になりましたか? 何か弊社商品で使いづらい点がありましたか?
26	他社で購入中	他社比較	他社でトラブルとかありませんでしたか?
27	他社で購入中	他社比較	他社様に切り替えた理由ってズバリ何でしょう?
28	他社で購入中	他社比較	他社様の良いところを教えていただけますか?
29	他社で購入中	他社比較	他社様の気に入ってるところ、利点は何ですか?
30	他社で購入中	価格	(検討しとくという、のらりくらり反応)他社さん激安でした?
31	他社で購入中	価格	どのくらいの金額を予想されてましたか?
32	他社で購入中	価格	どのくらいの金額だったら、前向きに検討可能ですか?
33	他社で購入中	その他	あまりお気が進まないようですが、以前お取引させていただいた時、何か失礼なことありましたか? 今後の改善に努めたいので
34	他社で購入中	その他	お嫌なご様子ですが、以前のお取引の際、何か失礼なことがございましたか?
35	保守	保守	リース契約に切り替えられたのは、例えば御社内での管理体制が変わったからでしょうか?
36	保守	保守	リースのご提案は、メーカーさんから話があったのでしょうか? リースにされて、効率アップと経費削減できましたか?

出だしで使えるフレーズ　他社で購入中　ニーズ聴取　保守
他社比較　価格　商品　その他

例えば、「商品Aに問題はなかったですか」と聞くのではなく、「商品Aを使ってみて、使用感はいかがでしたか」と感想を聞く。このひと言であまり感想が得られなければ、もっと具体的に「〇〇部分の触り心地はいかがでしょうか？」と聞いてみることだ。「意見を求める」と、お客様の思考は刺激され、求められたことに対して回答を考え始める。この他に、「かまをかける」「代弁する」というMQもある。

「かまをかける」とは、〝知りたいことを相手に自然にしゃべらせるように、それとなく言いかけて誘導する〟（大辞林第三版）とあるが、つまりは誘導尋問かもしれない。例えば、他社と相見積もりをしているだろうと思われるお客様に、「他の会社様の金額はもっと安かったですか？」などと聞くような質問のことだ。他社の金額が安ければ、「そうですねぇ、御社のほうが少し高いですね」と言ったり、知られたくない場合は言葉を濁したりするだろう。いずれにしても、その質問で、お客様の意識が会話に集中する。

「代弁する」とは、本人に代わって意見を述べることだ。以前の購入先で不満を持っているお客様に「そうですか、そんなお困りのことがあったら、購入先の選定時も不安になりますよね」と、お客様の気持ちを推測して質問する。その代弁した内容が、お客様の気持ちと合致していれば、お客様は「そうなんだよ」と会話に集中するようになる。そして、会話を続けるうちに、意識していなかったニーズを引き出せたなら、それがMQを最大限に発揮している状態だ。

「クローズ質問」で距離を詰め、「オープン質問」で引き出す

ＭＱが応対のなかで強烈な効果を発揮するとはいえ、「質問力＝ＭＱ」というわけではない。効果的なＭＱをお客様に投げかけるためには、他の質問手法を使ってお客様のことを知る必要がある。それらを総合的にできてこそ、質問力がある状態と言える。

オープン質問やクローズ質問などの一般的な質問手法については、書籍や研修などで学んでいる人も多いだろう。ただし、単に分類を学んだだけでは現場で質問力を使いこなすことはできない。定義・分類された質問を、どのように使うかまで理解することが必要だ。

一例としてオープン質問・クローズ質問の分類を**資料５・２「オープン／クローズ質問表」**に示す。簡単に言うと、「イエス」か「ノー」で答えられる質問がクローズ質問で、答えられない質問はオープン質問である。しかし、クローズ質問の形式をとっていたとしても、「イエス」「ノー」以上の情報が得られる場合もあれば、オープン質問の形式であっても、まったく情報が得られない場合もある。お客様との現時点での関係性とタイミングによって、効果が変わってくる。初対面から時間があまり経っておらず、心理的距離が遠い時にオープン質問で感想を求めても、おざなりな答えが返ってくるだけだろう。

資料5・2 オープン／クローズ質問表

拡大（オープン）質問と限定（クローズ）質問

	拡大（オープン）質問	限定（クローズ）質問
特徴	ひと言もしくは短い言葉で答えられない質問	ひと言もしくは短い言葉で答えることができる質問
メリット	相手に考えてもらいたい時、こちらが思い浮かばないような答えを相手から引き出したい時などに使う	すぐに回答が欲しい時や、こちらの考えについて相手の意見を確認する時に使う。基本的には二者択一の質問になるため、相手は早く、簡単に回答することができる
デメリット	答えが単一ではないため、場合によっては相手にとって答えにくい質問となることもある	答えが限られているので、相手が窮屈に感じたり、「決め付けられた」と不愉快に感じたりすることもある
例文	・どのようなことでございますか？ ・どちらがご不明点でしょうか？	・○○ということですか？ ・ご理解いただけましたでしょうか？

応対者「ご使用になられて、いかがでしたか」
お客様「ああ、使い心地は良かったよ」

　あまり会話は進展しそうにない。まず、初期の段階では、クローズ質問をしながら、お客様との心理的距離を詰めていく。「少しお客様との会話がスムーズに運んできたな」と思ったら、オープン質問で感想を聞いてみるといいだろう。

応対者「ご使用ありがとうございます。新しく搭載した機能はお試しいただけましたか」
お客様「ああ、使ってみたよ」
応対者「操作はスムーズに行えましたか」
お客様「うん、問題はなかったな」

応対者「ありがとうございます。使ってみていかがでしたか」

感想を聞くためには、お客様と少し会話を重ねて、心理的距離を詰めておいてからのほうが、より個人的な意見を引き出しやすくなる。

「D質問」で会話を掘り下げる

オープン質問を考える際に意識したいのが、「D質問」である。「どこで?」「誰と?」「どうやって?」「どんな?」「どのようにして?」など、「D」の頭文字で始まる質問を指す。

・どこでお聞きになられましたか
・どんな方とお話されましたか
・どのような利用方法をお考えですか

・どれくらい続けていらっしゃるんですか

これらの「D」で始まるオープン質問は、会話を広げる役割がある。プロのカウンセラーや会話が進む人は、大抵このような質問をするため、会話がどんどんと弾んで盛り上がっていく。オープン質問を投げかける際に、この「D」から始まる質問を意識すれば、質問が作りやすくなり、話を深掘りすることができるだろう。

「もしも質問」で想像を促す

「もしも、あなたが○○だったとしたら、どう思いますか？」という質問を「もしも質問」と呼ぶ。仮定法を使うことによって、客観的な視点が加わり、〝相手の立場に立つと、こう感じるんだ〟ということを考えてもらえる質問だ。もし商品が手元にあったとしたならば、どんな感想を持つのか、そんな想像を促す。

応対者「今、飲料水はスーパーなどでペットボトルを購入されているということですね?」
お客様「そうなのよ、結構重いから買って帰るのが面倒なのよね～」
応対者「そうですよね。もし、お水などの重い品物を代わりに購入して、その日のうちに届けてくれるサービスがあったとしたならば、どう思われますか?」
お客様「あー、それは便利よねぇ。その日のうちなら生ものでもOKだし……」

具体的なサービスを説明するよりも、あらかじめ「もしも△△というサービスがあったとしたら」と聞くことで、率直な感想を聞くことができる。これによって、サービスへの関心度を把握できる。

クレームの際にも、もしも質問は絶大な威力を発揮する。もしも質問によって、想定されるリスクなどを、お客様に具体的に考えてもらうように誘導する。例えば、コンタクトレンズのコールセンターでは、お客様とのやり取りで、販売時の検眼について揉めることがよくあるそうだ。購入時には、必ず検眼をしなければならないが、お客様のなかには、それを嫌う人がいる。「つい、3カ月前にも検眼したよ。またやる必要がどこにあるの? 急いでいるんだから検眼なしで売ってくれないかなぁ」というものだ。嫌がるお客様は、ほとんどこのように言うそうだ。このケースで、「規則で決まっている」と杓子定規に言ってしまうと、お客様との話はこじれていく。このケースを考えるうえで重要なのは、「決まっていることの意味を知ること」である。本人に自覚症状がなくても、何らかの病気にかかっていて、症状が進行している可能性がある。もし、以前の検眼時と状況が変わっているとして、同じコンタクトレンズを販売したら、お客様の目や体に悪影響を及ぼす可能性がある。まずは、その決まりの理由を説明しよう。これは決まりごと、ルールであるので納得をしていただくしかない。しかし、その決まりそのものに異を唱えるお客様、納得されないお客様はいるものだ。そんな時には、「規則で決まっております」と切り捨てることもできる。だが、それは最終手段として、しぶしぶでも納得していただくために、もしも質問を活用しよう。

応対者「お客様、もしも、今回検眼なしでコンタクトレンズを購入した時、自覚症状のない病状があったとしたら、お客様の目にはどのような影響があると思われますか？」

お客様「それは……」

応対者「いかがでしょうか？」

お客様「まぁ、なんかトラブルになる可能性もあるかもしれないけど……」

応対者「そうですねぇ。恐らく、炎症が起きたり、目が開けられなくなったりするようなトラブルが起こることが考えられます。もしもそのような状態になった時に、検眼なしで販売した私どものことを、お客様はどう思われますか？」

お客様「それは……困るよ……」

基本的に人は、自身で考えて出した答えには理解度・納得度が高い。お客様に決まりを破った際のトラブルの可能性、トラブルになった時の責任の所在を聞き、答えを考えてもらうのだ。もちろん、お客様から明確な答えが聞けなくてもよい。目的はお客様の間違いを正すことではなく、お客様に納得して行動してもらうことだからだ。お客様が理解をしたかどうかがわかれば、後は「お手数とは思いますが、ご協力お願いいたします」と促していけば、お客様も話を進めてくれるだろう。

まだまだ、たくさんの質問の種類や分類が存在するが、質問は知りたいことを確認するだけが目的ではない。お客様に質問をすることによって、思考を促して会話に積極的に参加してもらったり、意識していなかったニーズを引きだすことができたりする。能動的に「きく」を実践するためにも、質問力のスキルを磨いてほしい。

マジック・クエスチョンの習得とツールの整備

お客様の反応やニーズを引き出す質問力は、さまざまな質問のバリエーションを持つことと、その質問によってどのような反応が返ってくるのかを、想定しておくことだ。トレーニングしながら、ＭＱツールを整備するための材料を抽出する一連の流れを紹介しよう。

①お客様の背景を想像する
②お客様の反応を想像する
③シナリオを読み合わせ（確認）する
④マジック・クエスチョンの抽出

①お客様の背景を想像する

「人の反応は十人十色」。この当たり前のことが、仕事モードになると忘れがちになる。どうしても、用意されたスクリプトに即したパターンになってしまうか、多少は良くなったとしても、「私だったら、こうされたらうれしい」と自分を基軸に考えてしまいがちだ。しかし、人はそれぞれ違うのだ。そのことを実感してもらうために、ペルソナマーケティングの手法を使って「簡易ペルソナ」を作る。ペルソナマーケティングとは、データをもとに架空のユーザー（お客様像）を設定し、そのお客様が満足するように商品やサービスを設計するマーケティング手法だ。ここでは本格的なペルソナマーケティングを実施するわけではない。このトレーニングでは、「自分がお客様だったら」で考えてもらっても構わない。それでも、5人が集まって考えれば、最低5通りのペルソナが作成できる。

ペルソナは、応対事例を聞いて、もしくは通話録音を聞いたりして、そのお客様の背景を定義して作っていく。「男性か？　女性か？」「何歳くらいか？」「どこに住んでいるのか？」「どのような家族構成か？」「どのような会社に勤務しているのか？」「所属部署はどこか？」「休日はどのようにして過ごしているのか？」「趣味は何か？」「商品やサービスについて何を求めているのか？」などを詳細に定義しよう。自社の商品・サービスに関連のないこともあるだろう。それでも、あえて定義することによって、そのお客様の背景が見えてくる。無駄な項目は一切ないと考え、どんな些細なことでもお客様を定義してみよう。言葉は悪いが「お客様像を勝手に決める」のである。ここでは、**資料5・3「MQなしシナリオ」**をもとに考えてみたい。あるプリンタートナーの販売会社のシナリオだ。このシナリオのお客様はどんなお客様なのか、ということを定義しよう。

資料5・3　MQなしシナリオ トナー販売編

お客様1：はい、 フジキ商事です。

応対者2：プリンタートナーでお世話になっております。株式会社トナーマニアの伊藤と申します。

お客様3：はい、お世話になっております。

応対者4：いつもご利用いただき、ありがとうございます。ご担当の総務課の野原様はいらっしゃいますか？

お客様5：お待ちください。

お客様6：お電話代わりました、野原です〜。

応対者7：プリンタートナーでお世話になっております。株式会社トナーマニアの伊藤と申します。弊社でのお見積もりをFAXさせていただいたのですが、届いてますでしょうか？

お客様8：あ、届いてますよ〜

応対者9：ありがとうございます。価格、ご覧いただいて、いかがでしたでしょうか？

お客様10：あー、安かったですね。

応対者11：ありがとうございます。先日お伺いしておりました、A社の価格より安くするように頑張らせていただきました。

お客様12：はい、わかりましたので〜。

次頁へ続く

応対者13：1000円程はお安くできたと思うのですが……

お客様14：あー、そうですね、それくらいお安いですね。

応対者15：今なら、初回購入キャンペーン価格で、見積もり金額より300円お値引きさせていただきます。さらに野原様には、今後ずっとこの価格でご利用いただけますので、この機会にぜひ、ご検討くださいませ。

お客様16：そうですね〜。でも、今まだ以前のやつが結構残っているので、なくなりましたら、またご連絡いたします。

応対者17：かしこまりました。お待ちしております。差し支えなければ、いつも交換サイクルはどれくらいでいらっしゃいますか？

お客様18：うーん、期によって違うので一概には言えないんですが、暇な時で4〜5カ月に1回かな。忙しかったら、2〜3カ月で交換ですね。

応対者19：左様でございますか。それでは、また頃合いをみて、ご連絡させていただきます。できる限り弊社のほうでもサポートをさせていただきます。ぜひご利用いただければと存じます。

お客様20：わかりましたので〜。

応対者21：最後に何か、ご不明点はございませんか？

お客様22：いえ、わかりましたので〜、失礼します。

応対者23：ありがとうございます。伊藤がご案内いたしました。よろしくお願いいたします。失礼いたします。

資料５・４・❶「汎用的なお客様像の問いかけ」は、汎用的に使えるお客様像を設定する際の質問リストだ。ずらりと並んだ質問を埋めていくことで、お客様像を作ることができるはずだ。これらの質問の他にも、現場に合ったさまざまなお客様像を導く質問があると思うので、追記して使用してほしい。**資料５・４・❷「フジキ商事お客様像」**は、資料

資料５・４・❶　汎用的なお客様像の問いかけ

	問いかけ	お客様像の詳細設定
1	性別は？	
2	年齢は？	
3	どこに住んでいますか？	
4	どのような会社に勤務していますか？	
5	どんな製品・サービスを提供していますか？	
6	所属部署はどこですか？	
7	そこで、どんな仕事をしていますか？	
8	勤務体系は？	
9	休日はいつですか？	
10	休日はどのように過ごしているのですか？	
11	趣味はなんですか？	
12	取り扱い商品やサービスに 何を求めているのですか？	
13	サービスに満足していますか？	
14	予算はどれくらいありますか？	
15	他社と比較はされていますか？	
16	類似のサービスを利用していますか？	
17	最近のトピックはありますか？	

5・3「MQなしシナリオ」をもとに作った架空の会社「フジキ商事」の野原さんのお客様像だ。本来のペルソナマーケティングでは、もっと詳細に定義をするのだが、質問力のトレーニングでは、このくらいで構わない。要はこのお客様像をもとに、どんな反応をするかを考える材料なので、足りないと思えば後から追記していけばよい。

②お客様の反応を想像する

お客様像が決まれば、今度はそのお客様の反応を考える。「安

資料5・4・❷ フジキ商事　お客様像

お客様名：野原　亮さん　36歳
家族構成：妻34歳（専業主婦）、息子6歳（小学校1年生）
　　　　　千葉県市川市在住

会　社　名：株式会社フジキ商事　中小企業　従業員20人前後
　　　　　設立1974年
ブランド名：プリティーマン
　　　　　衣料品卸専門会社
所属部署：総務経理部　課長職

野原氏は創業社長の次男。

明るい性格だが、やや軽めのテンションで、適当さが目立つ。


リサイクルトナーの存在は知っており、5年ほど前から価格の安い業者を探しては、購入してきた。

1カ月前に激安リサイクルトナーをインターネットで発見し、即購入した。

そのトナーを使ったところ、使い始めて2～3日後に、紙に汚れが付着しだした。

確認すると、トナーの外装に歪みがあり、粉が漏れ出していた。


すぐに購入先に電話をしたが、担当者がいないとのことで折り返しになる。しかし当日連絡がつかず、後日の対応もおざなりで、早急に次の購入先を決める必要があった。

3社に見積もりを依頼し、業者選定の真っ最中であった。

さを求めているお客様」と「品質を求めているお客様」では、質問や説明に対する反応が異なってくる。その反応をイメージしよう。例えば、「月額基本料金がお安くなるプランがあります」と案内したとき、「安くなるのは良いなぁ」と興味を示すお客様と、「安いとかじゃあなくて、品質が重要」と思っているお客様、「安くなるなんて企業にとってはデメリットでしかないはずなのに、積極的に案内するには何か裏があるに違いない！」と疑ってかかるお客様とでは、明らかに反応は異なるだろう。その反応を、シナリオというかたちで表現するのだ。最初のお客様への問いかけから、質問を変えてみてもよい。そうすると、お客様像を作るのに使った応対事例や通話録音データとは違った会話の展開になっていくだろう。それでいいので、お客様の反応を考えてシナリオにしてみよう。

今度は、「ＭＱあり」の**資料５・５「ＭＱありシナリオ」**（１６４頁）を見てほしい。資料５・３の「ＭＱなし」の場合とは途中から会話の展開がまったく異なることが見て取れるだろう。

最初は、お客様の反応のイメージが湧かず、苦労するかもしれない。それは、これまで「何を、どうやって説明するか」ということばかりに力を注いできた証拠である。お客様に合わせた応対を実現させるために、試行錯誤を繰り返してほしい。また、お客様の反応を考えるということは、心情察知力の強化にもつながる。お客様の気持ちを想像し、シナリオを作り上げてほしい。

シナリオの成否を分けるポイントは、「お客様の反応が現実味を帯びているかどうか」だ。質問のすべてに、正直に答えてくれるお客様ばかりではない。〝正直に答えたら、足元みられそうだな〟と躊躇したり、〝その質問の意図は何だろう?〟と不信感を露わにしているお客様では、まったく反応が異なることは容易に想像がつくだろう。簡易ペルソナで想定したお客様像がどんな反応をするのか、できるだけ具体的な言葉と言い回しで想像していこう。

資料5・5　MQありシナリオ トナー販売編

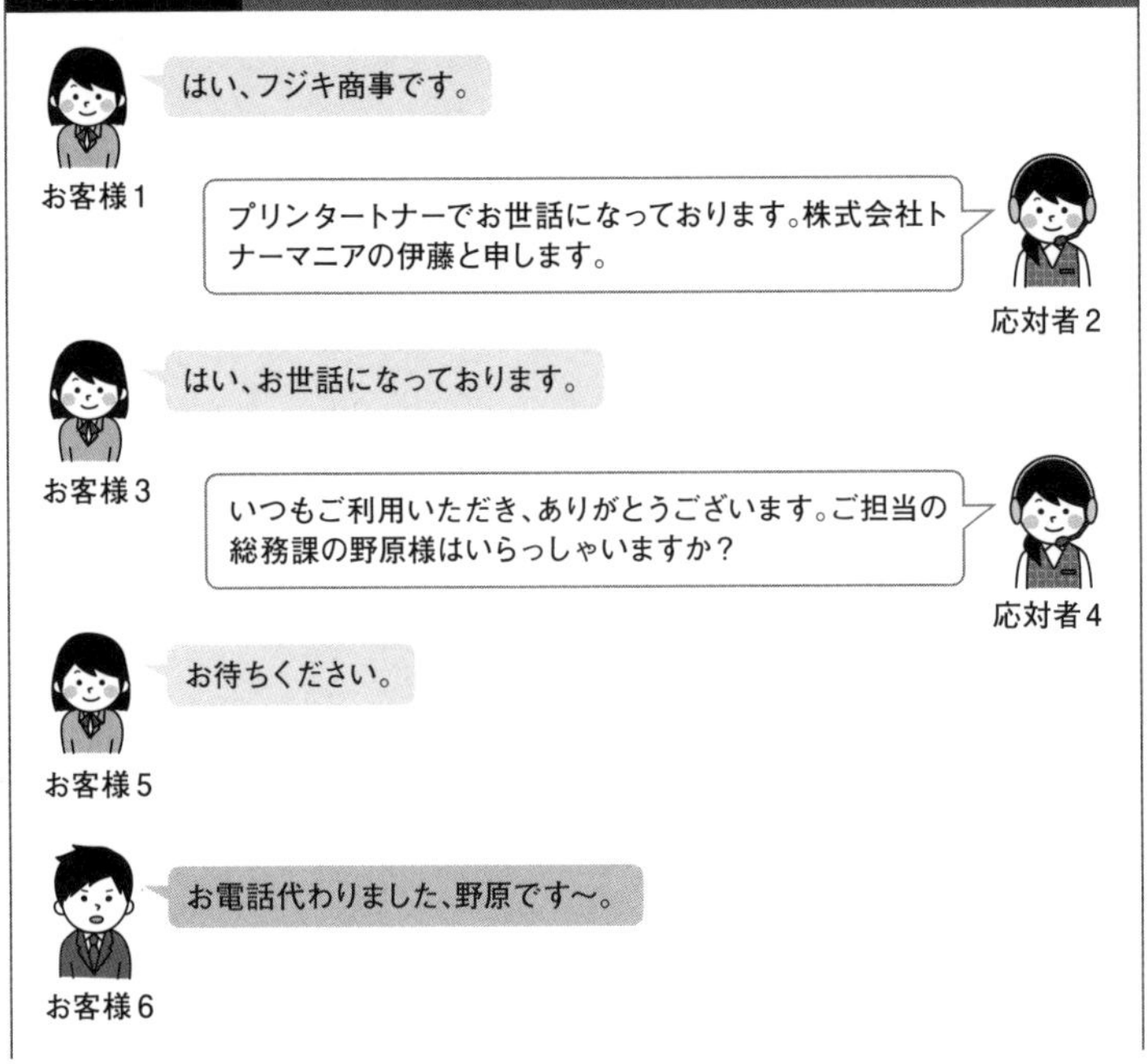
はい、フジキ商事です。
お客様1
プリンタートナーでお世話になっております。株式会社トナーマニアの伊藤と申します。
応対者2
はい、お世話になっております。
お客様3
いつもご利用いただき、ありがとうございます。ご担当の総務課の野原様はいらっしゃいますか?
応対者4
お待ちください。
お客様5
お電話代わりました、野原です〜。
お客様6

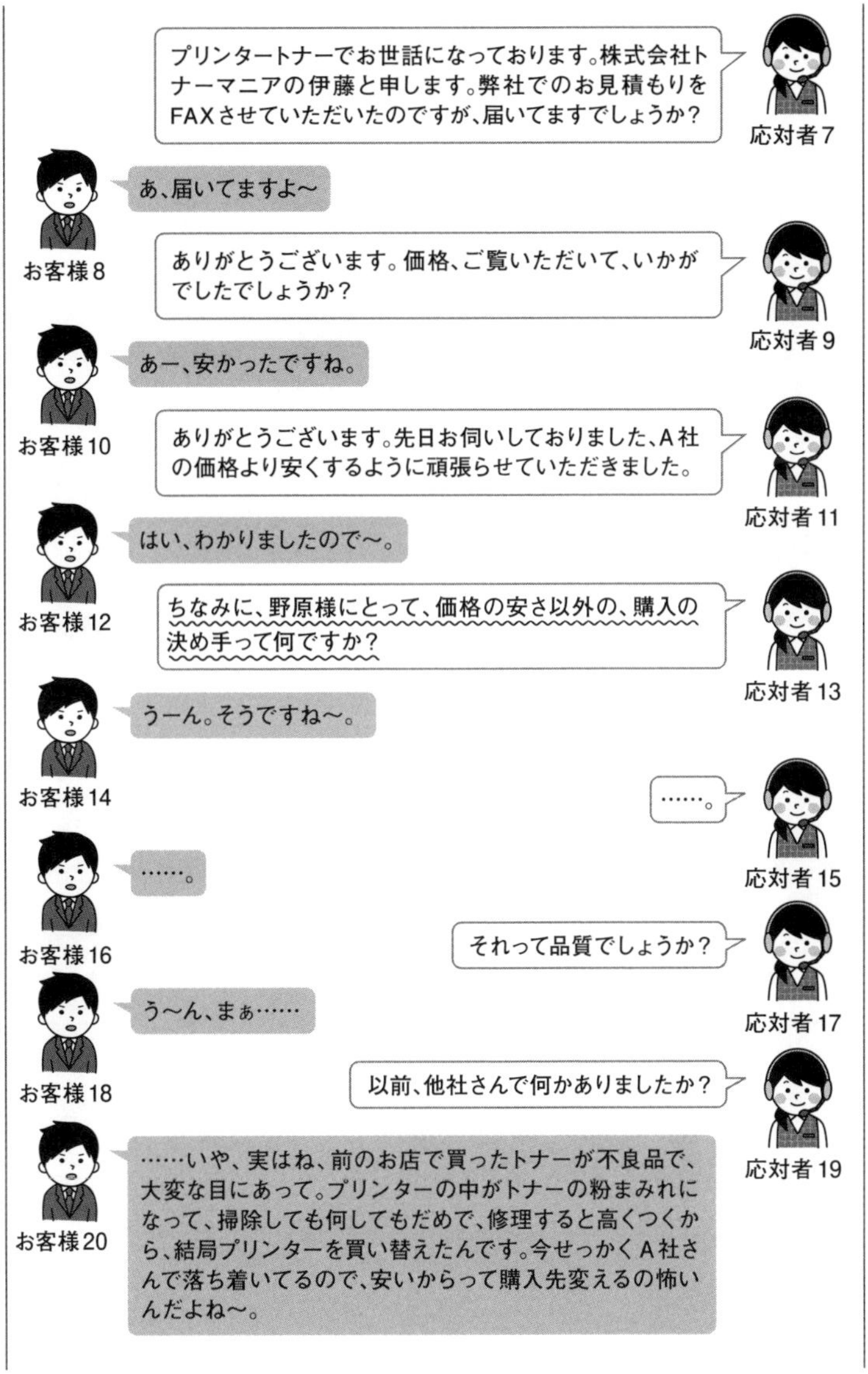
プリンタートナーでお世話になっております。株式会社トナーマニアの伊藤と申します。弊社でのお見積もりをFAXさせていただいたのですが、届いてますでしょうか？
応対者7
あ、届いてますよ〜
お客様8
ありがとうございます。価格、ご覧いただいて、いかがでしたでしょうか？
応対者9
あー、安かったですね。
お客様10
ありがとうございます。先日お伺いしておりました、A社の価格より安くするように頑張らせていただきました。
応対者11
はい、わかりましたので〜。
お客様12
ちなみに、野原様にとって、価格の安さ以外の、購入の決め手って何ですか？
応対者13
うーん。そうですね〜。
お客様14
……。
応対者15
……。
お客様16
それって品質でしょうか？
応対者17
う〜ん、まぁ……
お客様18
以前、他社さんで何かありましたか？
応対者19
……いや、実はね、前のお店で買ったトナーが不良品で、大変な目にあって。プリンターの中がトナーの粉まみれになって、掃除しても何してもだめで、修理すると高くつくから、結局プリンターを買い替えたんです。今せっかくA社さんで落ち着いてるので、安いからって購入先変えるの怖いんだよね〜。
お客様20

次頁へ続く

応対者21
そうだったんですか……！　それは大変な思いをされましたね。そんなお困りのことがあったら、購入先を変えるのは、不安になってしまいますよね。その時は、トナーを購入された会社に、ご相談されなかったんですか？

お客様22
いや、相談はしたんですけどね、対応がよくなくて。具体的な対処方法を教えてくれないし、はいはいそーですか、みたいな反応だったんですよ。そのせいで半日仕事できなくて！　あんなこと二度と経験したくない。あんまり冷たい態度だから、腹が立って電話を切っちゃったよ。

応対者23
えーっ、それはひどい。困ってるから電話してるのに、その態度はないですね。それで、ご購入先を変えるのは怖いとおっしゃってたんですね。

お客様24
まぁ、そうなんですよね～

応対者25
弊社は、サポートには絶対の自信を持っています。トナーとプリンターの両方に保証をお付けしていて、印字トラブルがあった際にはトナーを無料で交換しております。万が一プリンターに支障をきたしてしまった場合には、プリンターの修理費も保証しております。サポートセンターを設けているので、いつでもご相談いただけますよ。

お客様26
へぇ、本当ですか。すごいですね。それは安心だなぁ。

応対者27
安心していただけてよかったです！　他に、懸念されていることはありませんか？

お客様28
他はないよ。

応対者29
そうですか！　ありがとうございます！　野原様、今後、弊社とお付き合いいただくこと、可能ですか？

お客様30
そうですね、価格も安くなるし、一度お任せしてみようかな。

ありがとうございます。いつもトナーは、どのくらいの期間で交換されていらっしゃいますか？

応対者31

うーん、期によって違うので一概には言えないけど、暇な時で4～5カ月に1回かな。忙しかったら、2～3カ月で交換ですね。

お客様32

承知しました！　教えていただいてありがとうございます。現時点で、何か不明な点などありませんか？

応対者33

うん、実は、来月くらいになくなりそうなんだよね。

お客様34

左様でございましたか。予備のトナーは在庫がございますか？

応対者35

あぁ、それはありますんで、交換したら、お電話しますね。

お客様36

ありがとうございます。今後ぜひ、野原様のお役に立ちたいと思っております。他にも、ご不明な点やご要望があったら、できる限り対応させていただきたいので、私、伊藤まで、ご連絡くださいませ。

応対者37

どうもありがとう。伊藤さんね。今後もよろしくね。

お客様38

こちらこそ、よろしくお願いします！

応対者39

それじゃ、また連絡するね。失礼しますね。

お客様40

お忙しいなか、ありがとうございます。伊藤がご案内いたしました。それでは、失礼いたします。

応対者41

③シナリオを読み合わせ（確認）する

シナリオが完成したら、研修の場では、お客様役・応対者役にそれぞれ分かれ、読み合わせるなどして確認をする。読み合わせる際は、ぜひ音声表現力を使って、お客様のセリフに感情を乗せてほしい。よりお客様の気持ちを再現することができるだろう。文章上では、問題がないと思っていても、実際に読んでみると、「何かがおかしい」と感じるのはよくあることだ。会話の流れが自然なのかどうかを確認してほしい。もし、違和感があるならば、お客様の反応を読み違えているか、投げかけるＭＱが練れていない可能性が考えられる。

④マジック・クエスチョンの抽出

さて、最後はトレーニングではない。ＭＱを現場に広く浸透させ、ほかの応対者にも使えるツールを作る。①～③のトレーニングを行うと、人数分の応対シナリオができ上がるはずだ。シナリオを作る時には、１人で作業せずに、２～５人くらいで話し合って行おう。そこには、それぞれ異なったお客様の反応が描かれている。異なった反応があるということは、その反応を引き出した質問も、同程度の数が集まるはずだ。その質問を抽出し、現場の担当者間で共有する。エクセルシートにまとめるなど、ツール化してしまうことが望ましい。資料５・１「ＭＱ一覧表」を参考に作ってみよう。

かつて資料を作ったセンターでは、場面ごとに使えるＭＱを整理し、エクセルでソートできるようにした。これにより、応対で利用できるＭＱのバリエーションが一気に増えた。もちろん、お客様と実際に応対しているうちに、会心のＭＱが生まれることもある。すかさず、ツールに反映するようなルールも設定できると、なお良いだろう。また、応対者によっては、使いやすいＭＱと、使いにくいＭＱがあるだろうが、それでいい。ＭＱは、お客様によって使うタイミングが異なるし、相性もある。要はどれだけの引き出しを持っているか、その引き出しを使って、何を引き出せたのかという経験が問われる。よって、得意不得意が出るものだと思うし、それでいい。目的は、お客様の曖昧なニーズや潜在的な意識を、明確化することなのだから。

要だ。しかし、お客様からどうすれば情報を引き出せるのか、現場の人間ではない私に答えはないので、受講生であるコミュニケータに考えてもらう他なかった。情報を引き出すための質問を考える、これが後のMQの礎となっている。

まず行ったのはチーム対抗戦で、コミュニケータを2チームに分け、その商品のプレゼン合戦をしてもらうことにした。私を1人のお客様と見立てて、1人1つずつ、私の背景情報を質問させたのだ。「類似のサービスは使っていますか？」「類似サービスは月額いくらですか」という具体的なところから始まり、「家族構成は」「年齢は」「趣味は」など、まるで業務に関係のない質問まで飛び交った。その質問にはすべて真摯に答えながら、私の背景情報を明らかにし、これをもとにプレゼンを組み立てさせた。

プレゼンの発表は、Aチームは価格の安い従量課金プランを提案してきた。かたやBチームは、現状利用しているサービスから乗り換えるとお得になるという、サービス変更の提案をしてきた。軍配はBチームに上がった。使うか使わないかわからないものに、月額基本料は支払いたくない気持ちを捉え、さらに競合サービスの弱点を突いて乗り換えたときのお得感が感じられた提案だったからだ。まさに、お客様の背景像を引き出し、それに合わせた応対をする、MQの“赤ちゃん”誕生の瞬間だった。私に投げかけた一連の質問で、プレゼンの時に役立った情報をまとめさせた。何を質問していけばお客様に合わせた提案ができるかという気づきを感じてもらえたのではないかと思う。

この研修の後、解約阻止率が一気に3倍になったコミュニケータもいた。さらに、欠勤率が3分の1になるという、うれしい誤算もあった。どうやら、研修の内容をいち早くお客様に試してみたくなったようだ。正しいコミュニケーションが取れれば、人は仕事が楽しくなることも実感した、MQ誕生の瞬間だった。

COLUMN

マジック・クエスチョン誕生の瞬間

MQの概念ができ上がったのは、あるコンテンツサービスを提供しているコールセンターの、コミュニケータ研修を実施していた時だった。そのセンターでは、解約阻止率が課題で、そのための研修を組んで挑んだのだ。しかし、事前にヒアリングはしていたものの、実際、受講生となったコミュニケータに研修を展開すると、一筋縄ではいかなかった。内情がひどかったのだ。2カ月間の無料お試し期間があるのだが、その期間内で解約を阻止しようと、あの手この手で解約を延ばすようにしていた。押しの強いコミュニケータは、解約をなかなか受け付けないため、解約阻止率が高い。しかし、結局は期間中に再度お客様から入電があり、気の弱いコミュニケータに当たった場合、解約に至る。結局、無料お試し期間後に料金が発生することなく、サービス解約となっていた。そこで、スクリプトを確認してみたのだが、そこにはよくある応酬話法が展開されていた。

お客様「解約したいんですが……」
応対者「左様でございますか、ご利用いただいて何か不都合でもございましたか」
お客様「いや、使わないし、1カ月の料金も若干高いんだよね……」
応対者「それではお客様、低価格のサービスもご用意してございます。こちらのプランは1カ月△△円で……」

お客様の真のニーズを確認することなく、商品説明の押し売りをしているスクリプトだった。また、解約阻止率だけでなく、トークの品質評価も行っていたが、評価基準を満たしても解約阻止に至らない評価になっており、どこかちぐはぐなセンターだと思ったことを記憶している。

このまま予定通りに研修を進めても、成果につながらないと判断した。成果を出すには、押し売りのような商品説明ではなく、お客様の真のニーズを引き出し、そのお客様に合うプランを提案できるようになることが必

第6章

「きくスキル」実用編

ここまで、「きくスキル」の8つの要素の概要と関連性、主要素となる「心情察知力」「音声表現力」「質問力」の強化法を解説した。では、実際に現場で「きくスキル」を活用すると、どのような効果を上げられるのか。「クレーム対応」と「セールスを意識するコールセンター」での活用法を例示する。

クレームは、言わずもがなのことだが、お客様の話をよく聞くことが求められる。また、もう一方をセールスを意識するセンターとしたのは、どんな電話でも企業とお客様との会話であれば、そこにセールス要素があることを意識してほしいからである。そこで、サービス導入前のお客様の問い合わせを例に挙げた。この応対は、お客様がサービスを導入するかどうかの分かれ目である。にもかかわらず、実際はお客様に訊かれたことにしか答えないコールセンターが、未だに多い。だが、どんな問い合わせでも、最終目的は、お客様に利用してもらったり、再度購入してもらったりすることだ。どのような現場でもセールスを意識すべきという思いで、事例を選んだ。

クレーム対応――心理的距離を詰め、〝感謝〟に変える

クレーム対応では、お客様が怒っている理由を突き止め、解決していくことが求められる。まず、クレーム対応の基本手順を押さえておこう。**資料6・1「クレーム対応6つの手順」**（176頁）を示す。一般的なクレームならば、6つの基本手順を遵守すれば、ほぼ解決に導くことができる。しかし、解決に導くためには、高い「きくスキル」を要する。

①お詫び
②傾聴
③心情理解
④事実確認
⑤解決策提示
⑥お詫び・お礼の言葉

①〜③が第1章で説明した感情へのアプローチで、④〜⑥が論理へのアプローチになる。

資料6・1 クレーム対応6つの手順

STEP	手順	内容
STEP 1	お詫びする	クレームの正当性に関係なく、「不快な思いをさせてしまったこと」に対し、誠心誠意お詫びする
STEP 2	話を聞く（傾聴）	基本は“聞く80%、話す20%”。顧客が感情的になっている場合は“聞く90%、話す10%”で、より聞くことに集中する
STEP 3	気持ちを理解する（心情理解）	コミュニケータが「理由＋感情」を言語化して伝えることにより、心理的な距離を詰める。すぐに解決策を提示してはいけない
STEP 4	事実確認	① そもそものクレームの原因は何か ② 損害は発生しているのか ③ クレームの原因と損害に因果関係はあるのか
STEP 5	解決策・代替案の提示	顧客の合意を得る。ポイントは、迅速かつ具体的であること
STEP 6	お詫び、感謝の言葉	最後まで気を抜かず、できるだけ良い印象を持ってもらえるように気をつける

感情が荒れて、こちらの話を聞くことができないお客様への応対は、まず荒れた感情を鎮めていただかなければ話が進展しない。私は研修の場では、手順を伏せたうえで、「クレームなので解決策を提示しなければいけません。では、解決策の提示は何番目の手順になるでしょうか」と質問してみる。

二次対応の経験が豊富な人は、④や⑤などの後半に持ってくることに対し、あまり経験がなかったり、早く間違いなく解決しなければという意識の高い人ほど、②や③などの前半に持ってくることが多い。ここで言えるのは、「早く解決してあげたい」とか、「迅速に解決する」という意識が強ければ強いほど、クレームはこじれてしまう傾向にある。これは、第1章の製菓会社での例でも紹介したように、お客様が何に対して怒っているのか、どうして怒っているのかがわからないうちに、パターン的な解決策を提示することの危険性を表している。まずは、こちらの話を聞く状態になってもらうためにも、感情を鎮めていただくことが重要だ。

そのうえで、6つの基本手順で一番重要なポイントが、③の「心情理解」である。これは、お客様の心情・感情を言葉に出して、理解していることを伝えるというステップだ。このステップを強烈に意識することによって、お客様との心理的距離を詰め、こちらの話を聞いてもらえる状況になる。

あるカード会社で三次対応の業務に従事していたことがある。一次対応でこじれて、二次対応者に代わっても解決せず、挙句に電話が巡ってくるポジションである。故に、私のところにつながる時には、こじれにこじれて、こじれまくっている状態と思っていただければよいだろう。私が応対をしくじると、その先には消費者センター、裁判対応と、まさに背水の陣と言える部署だった。ここで、少し自慢話になるのだが、私はその部署において、1件たりとも消費者センターや裁判対応になることなく、すべてのお客様に納得をしてもらった。

そのポイントは、③の「心情理解」の手順を強烈に意識して実行したからである。その時に、これを言えばお客様との距離感がグッと近くなるフレーズがある。

「お客様、これこれ、こういうことで、怒っていらっしゃるんですね」だ。これを聞いた時、その内容がまさにお客様が言っている内容で、正解だとしたならば、お客様の答えはどうなるだろうか。「はい、そうです」とか、「そうだよ！　その通りだよ」と〝イエス〟という答えになる。やっと話の分かる奴が出てきたよ、と肯定的な関係に持ち込むことができる。

実は、人は〝イエス〟という返事をすると、気持ちが落ち着く傾向があったりするのだ。そして、〝イエス〟という返事がいただけたなら、「確かに、お客様のおっしゃるような状況であったならば、私もお客様と同じように怒っていたかも知れません。ご迷惑をおかけし、大変申し訳ございません」と続けよう。このように、お客様の心情を理解していることを伝えることで、お客様との心理的距離がグッと近くなる。お客様にも、こちらの話を聞く余裕が生まれる。しかし、だからといって焦りは禁物だ。今度は、②傾聴、③心情理解、④事実確認のサイクルを回し、解決策への導き方を模索するのだ。

距離感がグッと近くなるフレーズについては、「本当に、そんなこと言って大丈夫ですか。余計に怒らせるのでは」などの反論や、「実際それを言ったら、余計に怒られました」という抗議めいたことを言われることがある。後者の場合、どんな状況か尋ねてみたところ、「そんなことを言ってるんじゃない」と余計に怒られたらしい。

もうおわかりかもしれないが、お客様の心に刺さるフレーズ「……ということで怒ってらっしゃるんですね」を使うためには、とことんお客様の話を聞き込むことが必要なのである。心情理解と称して発した説明が、お客様の言いたかったことと違うのだから、これは怒りを誘って当然である。内容が一致していたとしても、傾聴不足ならば同様だ。お客様として企業にクレーム電話をかけた時に、早い段階で、こんなセリフを言われたことのある人はいないだろうか。「お客様のお気持ちもよくわかりますが……」——。駆け出しの頃、クレームを早く解決したくて、このセリフを多用していたことがある。すると、1人のお客様がこんなふうに返してきた。「あっそう、僕の気持ちがよくわかるんだ。どうわかったの、説明して」と。わかるわけがなかった。お客様は気持ちどころか、まだクレームの内容もそこそこにしか話していなかったからだ。そこから先は、〝しどろもどろとは、このような状態を言うのだな〟となぜか少し冷静に考えながらも、応対に苦労したことを覚えている。クレームで電話してきたお客様は、言いたいことが山ほどある。その山ほどの言いたいことをあらかた吐き出してもらってからでないと、先のフレーズは響かないと心してほしい。

「復唱力」「質問力」で傾聴状態をつくる

さて、きくスキルをどのようにクレームに応用するかを説明する。まず、傾聴の段階で、きくスキルをフル活用する。クレームで一番厄介なパターンが、お客様から詰問調で責められる時だ。

お客様「○○については、どうなってるんだ！」
応対者「ただ今、原因究明のために、全力で調査しております」
お客様「調査って、一体何をやっているんだ！」
応対者「それは、○○という調査を行って……」
お客様「調査結果はどうやって知らせるつもりなんだ。私の被害は補償されるのか！」

このように、矢継ぎ早に聞かれるような状態を経験したことのある人も多いだろう。この状態では、クレームは決して解決しない。なぜなら、お客様と応対者が対立関係になってしまうからだ。また、すべてに回答が用意できるわけではない。いずれは言葉に詰まることになる。お客様から聞かれたことを説明すればするほど、怒りが増長し、感情的になっており、沸々と怒りの温度が上がっているお客様に、「早くしろ！」と急かされることになり、結果、中途半端な回答をしてしまう危険性も生じる。この状態を脱出するためには、応対者が傾聴している状態を作り出すことが必要だ。意識して使うスキルは、「復唱力」「質問力」あたりだ。圧力の高い声に圧倒されることなく、「復唱力」で会話のテンポをずらし、「質問力」でこちらから能動的に情報収集を行う。

お客様「○○については、どうなってるんだ！」
応対者「○○について、でございますね（復唱力）。現在調査中ですが、いかがなさいましたか？（質問力）」
お客様「そのせいで、今、大変なことになってるんだ！」
応対者「ご迷惑をおかけして申し訳ございません（音声表現力＋あいづち力）。どのようなことになっているのでしょう？（質問力）」

一度、復唱で受け止めつつ、お客様の次の言葉を待たずに積極的に何があったのかを質問していく。ただし、お客様は現時点の説明を求めている傾向がある。質問力で会話の主導権を握りながらも、ところどころで簡単に説明する必要は出てくるだろう。なお、質問には回答が必要だ。しかし、なかには回答の途中で畳みかけるように質問を被せてくるお客様もいる。その場合は、本来タブーとされている「質問に質問で返す」ことを検討しよう。良好なコミュニケーションが取れている場合はタブーだが、クレームのお客様の場合は、この限りではない。主導権をこちらに移す手段として覚えておこう。その辺りは、お客様の声から、心情察知力で推測してほしい。また、気遣うような音声表現力も必要なことを付け加えておく。

「あいづち力」でのせて「質問力」で情報収集

傾聴状態を作り出したら、思う存分情報収集しよう。漏れのない5W1Hの質問を行い、何が起こったのか原因を探る。「あいづち力」でお客様の話を促進し、「質問力」で掘り下げるのだ。その際、お客様が感情を表す言葉を発する時がある。「腹が立つ」「焦った」「心配で」などだ。これらは、心情理解の際に重要なキーワードになるので、メモをとっておくことをお勧めする。

「情報収集はどれくらいやったらいいですか?」という質問をされることがある。非常に答えにくい質問だ。状況によって千差万別で、一律で10分は聞いてくださいとか、5分でいいですよ、などと決められるものではないからだ。「お客様、これこれ、こういうことで、怒っていらっしゃるんですね」と、心に刺さるフレーズを自信をもって言えるようになるまで聞き込むよう心がけてほしい。

「語彙力」「要約力」で心情理解

さて、十分に傾聴し、お客様の怒りや心配のポイントがわかってきたら、いよいよ心情理解だ。「語彙力」「要約力」を使って、心に刺さるフレーズで対処する。「○○ということで、△△なんですね」という型だ。○○という部分は、お客様の話をすべて繰り返さず、お客様の話の重要キーワードを捉えて、「要約力」を発揮してほしい。また、△△の部分には、感情を表す言葉が入る。汎用的には「怒っていらっしゃるんですね」が使えるが、もし、お客様が感情を言葉で表してくれたのであれば、その言葉を利用させてもらおう。同じ言葉を使うことによって、お客様は違和感なく、その言葉を受け取ることができる。相手の仕草や動作を真似る「ミラーリング」という心理技法があるが、これは言葉のミラーリングと言ってもいいだろう。お客様との心理的距離を詰めやすくなる。お客様の言葉のレベルに合わせる「語彙力」というわけだ。だが、１つ注意がある。「○○ということで、ご納得できないということですね」は効果が薄い。納得とは論理を理解したうえで得心することであり、言葉の基盤が論理的欲求に根差している。心情理解では、あくまでもお客様の感情を理解しようとしていることを言葉で示すことだ。

クレーム対応は、解決を急ぐとこじれやすくなり、かえって解決から遠ざかってしまう。なんと皮肉なことだろうか。クレーム対応の基本手順を遵守しながら、きくスキルを駆使することによって、お客様が話を受け入れる土壌ができてくる。こちらの話を受け入れられる状態であれば、解決は容易であることはおわかりいただけるだろう。解決を急ぐより、何を解決すればよいのかを探ることに力を注いでほしい。

営業、セールストークへの応用——思考を促し、ニーズを引き出す

「きくスキル」は、営業やセールストークにも、応用してほしい。

営業やセールストークというと、いかに製品やサービスの内容をわかりやすく伝え、お客

様に売り込みをかけるかが主流だった時代があった。しかし、最近ではコンサルティング営業などという言葉が出てきたように、押し売りの説明をするのではなく、お客様が何を求めているのか、問題は何なのかを探り出し、解決することに注力する営業方法が増えてきている。商品説明が上手なだけではただの商品陳列と変わりない。その商品が本当に役に立つかどうかは、お客様が考え、シーンを想像しなければならない。考える作業や想像する作業を助けることが、今後の営業活動には求められる。お客様がより深く考え、イメージしてもらうことで、製品やサービスへの理解が深まっていくのだ。

インバウンド：お客様の背景を探る

お客様からの問い合わせを受けるインバウンドセールスに活用してみよう。問い合わせがあるということは、その製品やサービスに興味がある、もしくは現在何か問題を抱えていて、その問題を解決したいと思っているということだ。しかし、せっかくの問い合わせを、その疑問に答えるだけで終わってしまい、「なぜ興味を持ったのか」「どうしてその質問をしてきたのか」について掘り下げずに、終わらせている企業が多い。お客様は質問のプロではない。自分が訊きたいことだけを聞くが、その背景にはさまざまな理由がある。この理由を知り、お客様のニーズに合わせた提案ができるようになると、売り上げもアップするだろう。

「質問力」で会話を導く

資料6・2・❶「レンタルサーバー問い合わせ」の会話を確認してほしい。あるレンタルサーバーサービスの会社の例だ。現在、他のレンタルサーバー会社を利用中のお客様が、乗り換えの検討で問い合わせをしてきた例だ。会話の運びはごく普通で、お客様の質問に対して丁寧に答えている。敬語もとくに問題はなく、このシナリオの音声表現を聞いても感じは良いほうである。しかし、シナリオの結末を見ると、お客様がこの会社のサービスを利用してくれるかどうかには、疑問符がつく。他に良い会社がなければ、利用する可能性もあるかも知れないが、恐らくこのままでは、お客様のハートを射止めることは難しいだろう。クレーム対応と大きく違う点は、クレームはお客様側に言いたいことが山ほどある。その言いたいことを「きくスキル」を駆使して要点を整理しながら、会話を導いていく。しかし、通常の問い合わせは、お客様が訊きたいことを整理できていない場合や、そもそもの疑問点もよくわかっていない場合がよくある。ということは、お客様が話すに任せるのではなく、こちらから質問し、会話を掘り下げて誘導していく必要があるのだ。

資料6・2・❶　レンタルサーバー問い合わせ

応対者1：お電話ありがとうございます。レンタルサーバー24 サービスデスク、担当高橋でございます。

お客様2：お忙しいところ恐れ入ります。

応対者3：はい。

お客様4：私、フジキ商事の大谷と申しますが……。

応対者5：はい、お世話になっております。

お客様6：現在、他社のサーバーを利用しているんですが、ちょっと今回、サーバーの乗り換えを検討しておりまして。

応対者7：ありがとうございます。

お客様8：その検討段階での確認なんですが、よろしいですか？

応対者9：はい、どのようなことでございますか？

お客様10：サーバーに障害が発生した場合のことなんですが、そういった時は、御社ではどういった対応になりますでしょうか？

応対者11：障害が起こった際に、どのような対応になるか、ということでございますね。

お客様12：はい。

次頁へ続く

応対者13　かしこまりました。まず、サーバーは24時間監視をしておりますので、障害を検知した時点で、弊社のホームページに障害情報ページがありますので、そちらに、どういったことが起こっているのかを掲載いたします。そのうえで、同時並行で復旧の作業を進めさせていただきます。

お客様14　電話での連絡はいただけないのでしょうか？

応対者15　そうですね、障害が起こったからといって、「個別のお客様へのご連絡」という対応は、行っておりません。

お客様16　あー、そうですか。こちらから電話で問い合わせする窓口はありますか？

応対者17　はい、障害サポート窓口がございまして、24時間365日受け付けをしております。こちらにご連絡いただければ、詳しい状況をご説明することは可能でございます。

お客様18　そうですか。ただ、障害に気づかないと連絡はできない、ということですよね。そのためには、こちらで常にホームページを見ている必要がでてくるということですか。

応対者19　はい、申し訳ございません。

お客様20　ちなみに、過去どれくらいの頻度で障害が発生したとかわかってますか？

応対者21　そうですね。ここ1年間ですと、大小含めて5回くらいですかね。

お客様22　5回ですか！ 結構ありますね。

応対者23：と、申しましても、すべてのお客様のサーバーに障害が発生するわけではなく、1回1回はごく一部のお客様に障害が発生してしまうということでございます。

お客様24：そうですか……。1回でどれくらいの時間、止まってしまったりするのですか？

応対者25：障害の原因によってさまざまではございますが、軽い程度でしたら、10分～30分くらいで復旧いたします。重い場合ですと、数時間程度かかる場合もございます。

お客様26：そうですか。それが1年で5回くらいということですか？

応対者27：いえ、大きい障害は、全体で5回という意味でございます。お客様がご利用のサーバーが必ずしも毎回障害に遭うというわけではございません。ほとんどのお客様は障害になることなく、なったとしても短時間で復旧しております。また、連続して障害が起こるサーバーに関しては、物理的に交換作業などを行いますので、可能性はぐっと低くなります。

お客様28：そうですか。わかりました。では、また検討して、お電話いたします。

応対者29：ご検討よろしくお願いいたします。また、何かございましたら、いつでもお電話いただければと存じます。私、担当高橋がご案内いたしました。お電話ありがとうございました。失礼いたします。

お客様30：失礼します。

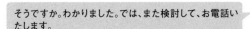

次に、ＭＱありの**資料6・2・❷「レンタルサーバー問い合わせ・応用編」**（１９２頁）を見てみよう。シナリオ全体の流れを資料６・２・❶「レンタルサーバー問い合わせ」と比較すると、お客様の問いに答えるところから、「応対者13」のセリフである「今ご利用のサーバー会社で何かございましたか？」で、会話の展開がガラッと変わる。お客様が現状を訴えはじめ、その話題のなかで、お客様が本当に抱えている要望が明らかになってきている。何より、応対者とお客様の発話量の比率が変わっている。資料６・２・❶はお客様の質問に回答する応対者のほうが発話量が多いが、資料６・２・❷は、お客様の発話量が格段に増えている。この発話量の差が、お客様の背景であったり、ニーズや気持ちという、貴重な情報の取得量の差につながる。このようにこちらから聞かずとも、お客様が気持ちよく話をしてもらえるような問いかけが、「質問力」のＭＱだ。最後は資料送付を約束して決着。この後、資料の到着を見計らって、資料の内容説明と具体的プランについて電話するなどのアクションを取れば、契約する可能性も高くなるだろう。

ポイントは、「お客様は何がしたいのか？」という視点に立ち、真の要望を引き出すことだ。資料図６・２・❶のお客様の話からは「サーバー障害時に速やかに対処してくれるサーバー会社を希望している」くらいしかわからない。しかし、ＭＱを使って引き出してみると、以下のニーズが新たに浮かび上がってくる。

・インターネット通販会社で、夜間のほうが売れるので、夜のサーバー障害は避けたい
・もし障害が発生しても、すぐに復旧対応してくれる

真のニーズが確認できると、後の展開が非常に楽になる。そのニーズをどのように満たすか、または問題をどのように解決するかに注力をすれば、おのずと製品やサービスの導入を決断するために必要な材料を提供できる。お客様も検討しやすくなるだろう。今回のシナリオは、「お客様が求めているサービスを提供できる」という前提で作成している。何度も強調するが、お客様は問い合わせのプロではない。また説明のプロでもない。自分自身の現状を整理して説明し、「適切なサービスはありませんか?」と訊いてくるお客様は稀だ。そこは、応対のプロ、接客のプロである、読者の皆さんがスキルを身に付け、対応をしてほしい。お客様からの問い合わせの電話であったとしても、そこには売り上げアップなどのチャンスが眠っている。ただし、お客様の質問にただ答えるだけでは、そのチャンスは活かせない。お客様の悩みや問題を能動的な質問によって顕在化させることを意識してほしい。

資料6・2・❷ レンタルサーバー問い合わせ・応用編

応対者1：お電話ありがとうございます。レンタルサーバー24 サービスデスク、担当高橋でございます。

お客様2：お忙しいところ恐れ入ります。

応対者3：はい。

お客様4：私、フジキ商事の大谷と申しますが……。

応対者5：いつもお世話になっております。

お客様6：現在、他社のサーバーを利用しているんですが、ちょっと今回、サーバーの乗り換えを検討しておりまして。

応対者7：ありがとうございます。

お客様8：その検討段階での確認なんですが、よろしいですか？

応対者9：はい、どのようなことでございますか？

お客様10：サーバーに障害が発生した場合のことなんですが、そういった時は、御社ではどういった対応になりますでしょうか？

応対者11：障害が起こった際に、どのような対応になるか、ということでございますね。

お客様12：はい。

応対者13
かしこまりました。まず、サーバーは24時間監視をしております。障害を検知した時点で、弊社のホームページに障害情報ページがありますので、そちらに、どういったことが起こっているのかを掲載し、同時並行で復旧の作業を進めるという流れになります。お客様、今回、お乗換をご検討されていらっしゃるとのことですが、今ご利用のサーバー会社で何かございましたか？

お客様14
はい実は、このあいだもサーバーが止まってしまって、数時間使えなかったんですね。

応対者15
左様でございますか。

お客様16
それも夜中に。で、連絡しようとしたんですが、夜間の対応窓口がなくて、ホームページ記載の障害情報が更新されるまで、待つしかなかったんです。で、結局、復旧までに3時間くらいかかったんですよね。うちのホームページは夜に見ているお客様が多いので、夜に障害が起きると困るんですよ。

応対者17
それはお困りでしたね。ちなみに御社のホームページは通販のサイトか何かですか？

お客様18
えぇ、そうなんです。個人向けの趣味のECサイトで、深夜以降の方がアクセス数が多いんですよ。なので、そこで見られない状態が続くと売り上げに直接響くんですよね。

応対者19
左様でございましたか。それは大変でございましたね。では、夜の緊急対応が充実しているサーバー会社をお探しということですね。

お客様20
そうそう、そうなんです。

次頁へ続く

応対者21

かしこまりました。弊社では、さまざまなプランをご用意させていただいておりまして、オプションプランを選択していただくことで、夜の障害にご満足いただける対応ができるかと思います。

お客様22

あっ、どんなプランですか？

応対者23

ミラーバックアップシステムプランと申しまして、公開用サーバーの他に、バックアップ用サーバーをお持ちいただくプランです。これによりまして、24時間監視デスクが障害を感知し、深刻な障害で復旧に時間がかかりそうな場合は、バックアップ用サーバーに切り替えて運用することができます。

お客様24

では、見られない状況が長く続くことはないってことですね。

応対者25

左様でございます。ただ、切り替え運用を行った場合、公開用サーバーとバックアップサーバーとのデータの過不足、つまり差が生じますので、復旧後はお客様のほうでコピーを指示していただく必要が出てくる場合がございます。

お客様26

あー、数時間止まるだけなら、なんてことないですよ。そのオプションはおいくらですか？

応対者27

そうですね。ご利用いただくサーバーの容量によっても異なってまいりますので、よろしければ詳しい資料などをお送りさせていただきましょうか？

お客様28

そうしていただけると助かります。

応対者29

かしこまりました。それでは、お客様の会社名とご住所を教えていただいてもよろしいですか？

はい、会社名は株式会社フジキ商事で、住所は東京都世田谷区代田橋○丁目△-×、スクラップビル3階です。

お客様30

ありがとうございます。ご担当者様のお名前と、念のためお電話番号もお伺いしてもよろしいでしょうか？

応対者31

はい。私は、総務課の大谷と申します。電話番号は03-XXXX-XXXXです。

お客様32

ありがとうございます。復唱させていただきます。株式会社フジキ商事の総務課大谷様で、ご住所が、東京都世田谷区代田橋○丁目△-×、スクラップビル3階。お電話番号が03-XXXX-XXXXでよろしいでしょうか。

応対者33

はい、間違いありません。

お客様34

本日発送手配を致しますので、2～3日でお手元に届くと思います。ご覧いただいて、ご不明点がございましたら、またご連絡いただけますでしょうか。

応対者35

はい、わかりました。よろしくお願いいたします。

お客様36

ほかにご不明点はございますか？

応対者37

いや、とくにないです。資料をお待ちしております。

お客様38

ご検討よろしくお願い致します。本日はお電話ありがとうございました。私、担当高橋がご案内いたしました。失礼いたします。

応対者39

アウトバウンド：相手が聞いている状態をつくる

アウトバウンドは、企業からお客様へ電話をかける行為だ。この場合に陥りがちなのが、興味のないお客様に延々と商品説明をすることだ。それでも何人……いや、何十人、何百人に1人は、説明を聞いてくれる人が見つかる。その1人を求めるがごとく、電話をかけ続ける企業も存在する。しかし、お客様側は求めていない説明をされれば、その企業に対して悪い印象を持つ。どうやら、企業からお客様に電話をかけてセールスをする際には、商品説明をしなければいけないという囚われがあるようだ。

「心情察知力」で効率的にアプローチ

求めていない商品説明をされているお客様はどのような状態にあるのか。おそらく話を聞いていない。受話器に耳をあててはいるが、いわゆる生返事で対応している。そもそも重要だと思っていないことを聞く時間がもったいないと感じているだろう。説明が終わって、「いかがですか？」と聞かれても、何も聞いていないので、とりあえず「はい」とあいづちを返す。しかし、応対者はすべて説明を聞いていることを前提に話す。その結果、会話が噛み合わなくなる。

どうせ電話をかけるなら、もっと効率よくかけたいものである。お客様の意識を、話を聞くように持っていくには、「きく」ことで思考を刺激するのと同時に、購買意欲が表れた時に「心情察知」できると、企業イメージを損なうことなく、お客様にアプローチできる。**資料6・3・❶「トナー販売編」**を見てほしい。これは、電話をかけて押し売りのような商品説明をしている典型的な例だ。立て板に水のごとく商品の説明をしているが、おそらくマニュアルを読みながらしゃべっているのだろう。「はいはい」や「……」から、お客様が説明を求めていないことがはっきりと伝わる。

資料6・3・❶　トナー販売編

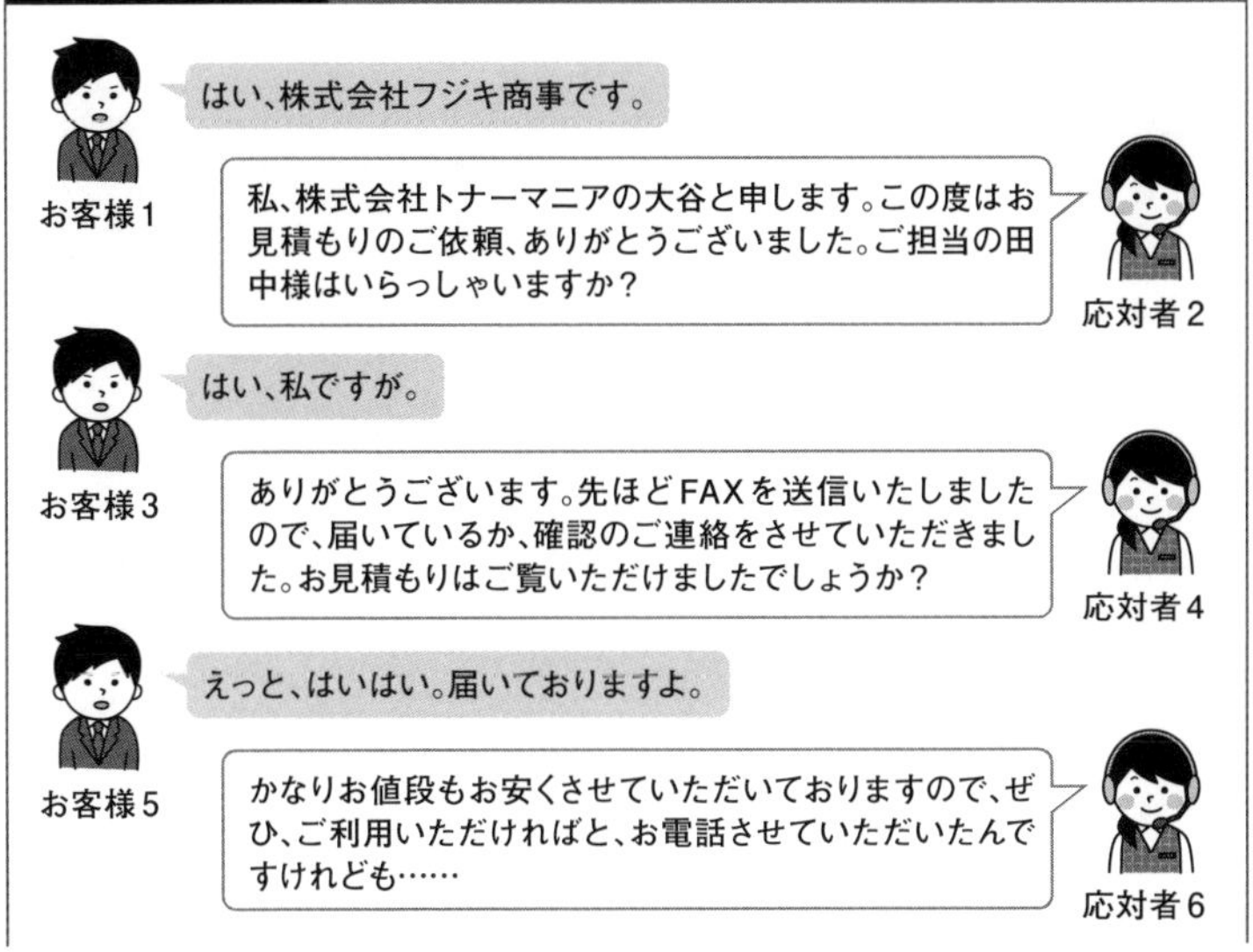
はい、株式会社フジキ商事です。
お客様1
私、株式会社トナーマニアの大谷と申します。この度はお見積もりのご依頼、ありがとうございました。ご担当の田中様はいらっしゃいますか？
応対者2
はい、私ですが。
お客様3
ありがとうございます。先ほどFAXを送信いたしましたので、届いているか、確認のご連絡をさせていただきました。お見積もりはご覧いただけましたでしょうか？
応対者4
えっと、はいはい。届いておりますよ。
お客様5
かなりお値段もお安くさせていただいておりますので、ぜひ、ご利用いただければと、お電話させていただいたんですけれども……
応対者6

次頁へ続く

お客様7：ん〜……。

応対者8：弊社のリサイクルトナーは、消耗した部分、破損した箇所はすべて新品の部品と交換し、再生加工を行っております。印字枚数、印字品質ともに、純正品（汎用品）と比べていただいても遜色ございませんので、自信をもってご案内させていただいております。

お客様9：あー、そうですか……。

応対者10：田中様に今回、ご注文いただいた「JPEG400」の場合、リサイクルですと、価格が7500円となり、5000円お安くご購入いただけます。宜しければ、このお電話でご注文を承りますが。

お客様11：まぁ、今すぐにって訳ではなく、いくらぐらいかなぁと思って…。

応対者12：もしこのお電話でご購入いただければ、特別価格として、お見積もり金額より300円お値引きさせていただきます。さらに田中様には、今後ずっとこの価格でご利用いただけますので、ぜひ、ご加入下さい。

お客様13：そうですね〜。でも、今はいいです。

応対者14：かしこまりました。弊社再生トナーは、業界初の無期限永久保証でございます。万が一、印字不良などが発生した場合でも、すぐにサポートセンターにご連絡いただければ、代替品や改善方法などの徹底サポートをご提供しております。最後までご安心してご利用いただける内容になっておりますので、ぜひ、ご検討ください。

お客様15：はいはい、わかりました。

応対者16：お電話ありがとうございました。本日は、トナーマニアの大谷がご案内いたしました。失礼いたします。

お客様17：……。

「質問力」「沈黙力」でお客様に話してもらう

きくスキルを発揮した資料6・3・❷「トナー販売・応用編」（200頁）を見てみよう。「値ごろ感は合うか」「想像していた金額はどれくらいか」「他の会社の製品と比べているのか」など、聞き出すことによって、お客様の背景を明らかにしている。「応対者10」の「値ごろ感はございましたか？」は、かまをかける「質問力」が発揮されている。また、「応対者8」や「応対者12」辺りでは、お客様がはっきりと答えを言わない状況の時に、焦ってこちらから説明するのではなく、お客様がきちんと答えるまで「沈黙力」を使って、反応を待っている。会話になると少し長い間が生まれるのだ。

ここで新人はその無音が怖くなり、説明を始めてしまう傾向がある。しかし、言葉を挟むと、「お客様は答える必要がなくなる」→「答えを考えなくてもよい」→「楽ちん」という構図になってしまい、せっかくの情報も引き出すことができなくなってしまうのだ。私は研修で、応対者が質問を投げかけたのであれば、答えが返ってくるまで30秒は待てと話している。ラジオやテレビなら放送事故ものだが、お客様応対はラジオでもテレビでもない。それくらいの気概で待てということだ。普通のお客様が、質問をされてから回答するまで、30秒が経過することはまずない。もっと早い段階で答えが返ってくるはずだ。もし、30秒も沈黙のままなら、それは無音・無反応だと思ってよいだろう。質問以前に、お客様と企業との関係性で、何かトラブルがあると考えたほうがいいかもしれない。いずれにせよ、きくスキルを駆使した資料6・3・❷は、お客様との話が先に進んでいる。購買意欲を探りながら反応を確認し、お客様に検討してもらえるような提案ができている。アウトバウンドで効果的な提案をするためには、お客様から「きく」という行為は、必須と言えるだろう。

資料6・3・❷ トナー販売・応用編

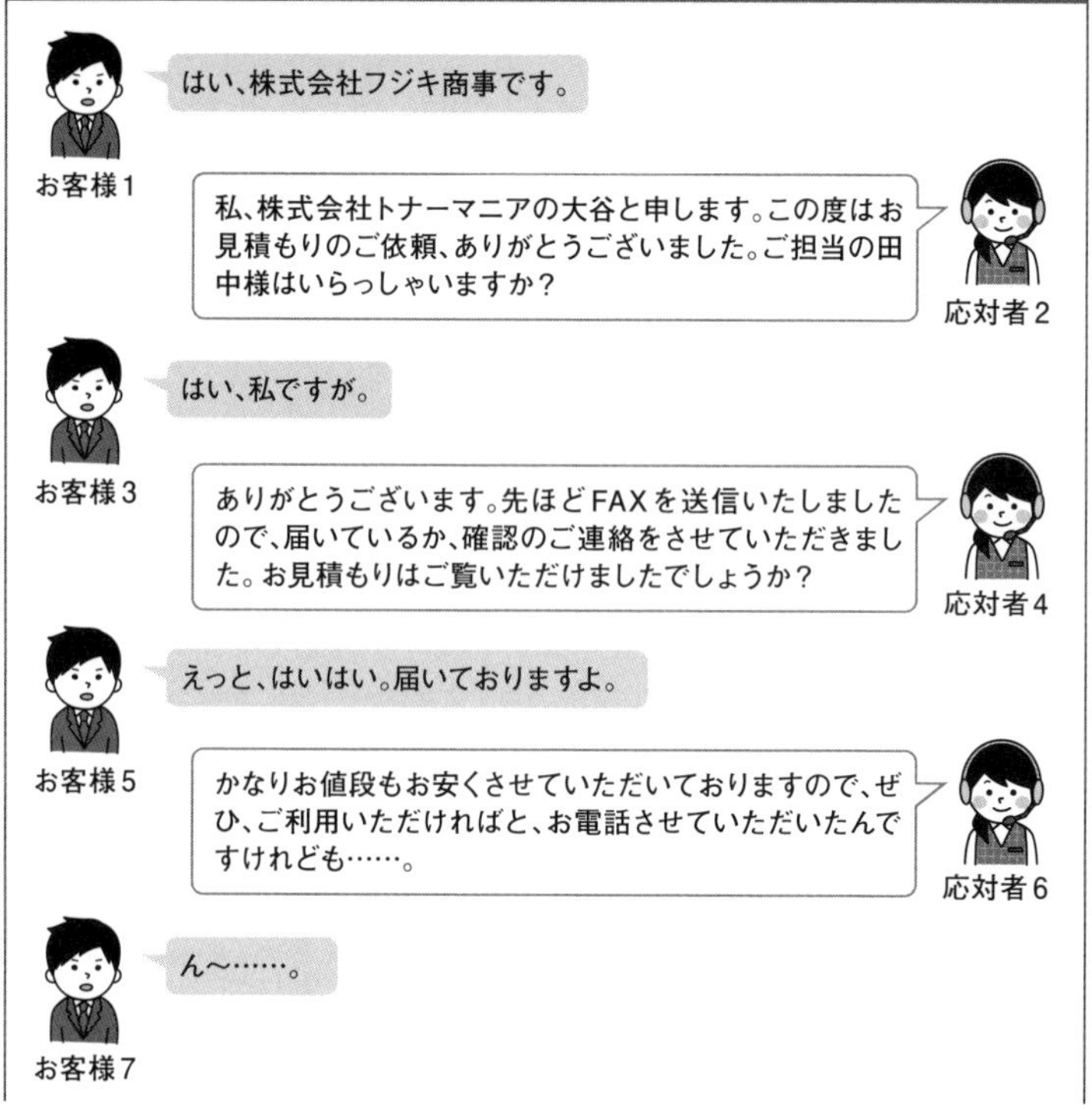
はい、株式会社フジキ商事です。
お客様1
私、株式会社トナーマニアの大谷と申します。この度はお見積もりのご依頼、ありがとうございました。ご担当の田中様はいらっしゃいますか？
応対者2
はい、私ですが。
お客様3
ありがとうございます。先ほどFAXを送信いたしましたので、届いているか、確認のご連絡をさせていただきました。お見積もりはご覧いただけましたでしょうか？
応対者4
えっと、はいはい。届いておりますよ。
お客様5
かなりお値段もお安くさせていただいておりますので、ぜひ、ご利用いただければと、お電話させていただいたんですけれども……。
応対者6
ん〜……。
お客様7

……。

応対者8

そうですねぇ〜。これは、一本が7500円なんだよね。

お客様9

左様でございます。税込価格で7500円でございますね。値ごろ感はございましたか？

応対者10

ん〜、そうですね〜。値ごろ感はあると言えばあるんだけれど……。

お客様11

……。

応対者12

もうちょっとなんだよなぁ〜

お客様13

左様でございますか。今回7500円でご案内させていただいておりますが、想像されていた金額はどのくらいでございますか？

応対者14

いや、どのくらいってことはないんだけど、あと500円くらい安くなったらいいなぁと思って……。

お客様15

左様でございますか。それは、他社様のお見積もりと比較なされての金額ということですね。

応対者16

うん、まぁ、そんなところですね。

お客様17

他社はどちらでのお見積もりですか？

応対者18

次頁へ続く

お客様19：いや、それは他社との関係性もあるので、ちょっと勘弁してください。

応対者20：それは、そうですよね、失礼致しました。ちなみに、どれくらいの頻度でトナーは消費されますか？

お客様21：そうですね……、仕事の量にもよるのですが、1カ月1～2回は交換するかなぁ。

応対者22：そういたしますと、年間で20本前後くらいは交換されるということですね。

お客様23：まぁ、それぐらいですね。

応対者24：ありがとうございます。年間の見込み使用量をもとに、上司と相談いたしますので、もう一度お見積もりをさせていただいてもよろしいでしょうか？　できるだけご希望金額に添えるようにかけあってみますので……。

お客様25：あっ、そう？　じゃ、お願いしようかな。

応対者26：ありがとうございます。それでは、お見積もりができ次第、本日中にはご連絡できると思いますので、お待ちいただけますでしょうか。

お客様27：わかりました。

応対者28：それでは後ほど、株式会社トナーマニアの大谷よりお電話いたしますので、よろしくお願いいたします。一旦、お電話失礼させていただきます。ありがとうございました。

読者特典

本書に掲載している応対シナリオの音声教材(MP３形式)を下記のアドレス(QRコード)からダウンロードできます。会話のトーンなどを聞いていただくことで学びをより深める効果があります。

http://www.ric.co.jp/ct-japan/kikuskill_download/

書籍ID：ric1074　　パスワード：kiku-1074

おわりに

「お客様がまったく話を聞いてくれない時は、どうしたらよいですか」や、「□□という時はどうしたらよいですか？」という質問されることがよくある。その時、私は「またか」という思いと同時に「知らんがな！」と心の中でつぶやいている。

冷たいように感じられるかもしれないが、私は魔法使いでも、超能力者でもない。そんな1つの状況だけを言われたとしても、そこから何を判断すればよいのだろうか。相手が機械なら答えることもできるだろう。「1＋1は2」であり、判断のルールがあるからだ。しかし、お客様は人間である。そこには感情があるし、その人の価値観も存在する。そして、置かれている状況だって十人十色だ。そのなかで、すべてに当てはまる万能な回答などあるわけがない。よって、その手の質問の場合、できるだけどんなお客様なのかを聞き出して、そのお客様のことを知るように、クレームなら怒りの原因を理解できるように聞くようにアドバイスしている。そして、こんな注釈を加える。「お話しした方法は、あくまでも1つの手段で、万能ではありません。試してみて、ダメなら他の手を考えてくださいね」。

同じ聞き方でも、人によって捉え方が違う。ひょっとしたら芳しくない結果になるかも知れない。しかし、だからといって、その手がダメなのかというと、そうではない。そのお客様にその聞き方が合わなかっただけだ。その人に合った聞き方をできるかどうかは、お客様の情報を集めて考える必要がある。

そう、考えることが重要なのだ。本書で語っているのは、あくまでも方法論の1つであり、トレーニングによって「きくスキル」は上達する。トレーニングの最中に、失敗することもあるだろう。その時に、上手くいかなかった要因は何なのかを考えながら取り組んでほしい。あなたが考えた分、お客様に合わせた「きく」方法が手に入るだろう。それでも行き詰るかもしれない。そんな時は、「きくスキル」を体得している人にアドバイスを求めてほしい。聞けない人に相談してはいけない。そもそも聞けない人はどうすれば聞けるかを知らない人だ。返ってくる答えは「頑張っても無駄」だったりする。……いや、違う！　頑張ってやってみて無駄なら別の手段を考えればいいし、やってみたら案外すんなりできるものだ。アドバイスはできる人、やったことがある人でないとできない。

皆が「きく」手段を考え始めると、私への質問が変わってくるのではないかと思う。「こんなお客様がいらっしゃるのですが……」と具体的な状況から、さまざまな可能性を踏まえた質問になると思っている。

さて、そろそろ筆を置こう。これからの私の使命は、この「きくスキル」をコールセンター業界と電話で仕事をしているさまざまな人に届けることだ。そして、その活動の中で「きくスキル」はまだまだ進化をしていくだろうと予感している。時代に合わせて進化を続けることが、「きくスキル」の真価なのだ。電話の仕事は決して辛いものではない。辛いものにしているのは、お客様を理解しようとせず、説明するという作業にしてしまっているからだ。電話の先のお客様に意識を向けて、お客様を理解するように努めよう。そうすれば、仕事はやりがいのある、楽しいものになっていく。なぜこんなことが言えるのか。それは、私自身がその体験をしているからだ。「きくスキル」でお客様と接した体験者だからこそ、言えるのだ。あなたもきっと、「きくスキルマスター」になれる日がくるだろう。その日がくることを心から願っています。最後までおつきあいいただき、ありがとうございました。

最後に、本書を刊行するにあたり、基本概念を作り上げた「きくスキル研究会」のメンバーに、この場を借りてお礼を伝えたい。事務局長でいわきテレワークセンターの三浦拓馬氏、クウォーターワンの窪田尚子氏、ダイヤル・サービスの日向和江氏、ＰＣテクノロジーの山本宏之氏。皆さまとの議論がなければ、本書の完成はありませんでした。あの濃い議論の日々に、深く感謝の気持ちを送ります。

PROFILE

藤木 健　（ふじき・たけし）

研修講師・コールセンターコンサルタント。1997年のベルシステム２４入社を機に、コールセンター運営・管理および新人の指導・育成に携わる。クレジットカードから通信、通販、流通、損保まで、幅広い業界のセンターを経験。SV・リーダーの育成を得意とし、数値管理、QA（品質管理）、フィードバック手法など、多様な指導方法を考案。研修実績を重ねる一方で電話など非対面での顧客対応における「聞くこと」の重要性に着目、2007年にきくスキル研究会に入会し、有志とともに研究と検証を重ねる（2015年に活動終了）。2010年、研修講師として独立。コールセンター分野のみならず、広く人材をテーマにした企業研修講師として活躍している。最近では「解約率の減少」「売上アップ」「サービスレベルの向上」など、目標数値をコミットするコンサルタントとしても注目を浴びる。株式会社キューブルーツに所属。

顧客の心理を読み解く
聞くスキル 聞き出すスキル

2017年１月12日　第１版第１刷発行
2020年９月10日　第１版第３刷発行

著　者　藤木 健
発行者　土岡正純
発行所　株式会社リックテレコム
〒113-0034 東京都文京区湯島3-7-7
振替　00160-0-133646
電話　03（3834）8380（営業）
03（3834）8104（編集）
URL　http://www.ric.co.jp/

カバーデザイン　國枝達也
DTP　㈱リッククリエイト
印刷・製本　奥村印刷株式会社

乱丁・落丁本はお取り替え致します。　Printed by Japan
ISBN978-4-86594-074-9